AF199718

*Marketing?*

# Marketing

*„Junge,*
*was machst du eigentlich genau?"*

© 2011 Alexander Max Maier

Autor: Alexander Max Maier

Umschlaggestaltung: Yvone Huber

Lektorat & Korrektorat: Claudia Semrau, Erika Semrau, Karin Welz

Verlag: tredition GmbH, Hamburg

ISBN: 978-3-8424-0148-8

Printed in Germany

Bibliografische Information der Deutschen Nationalbibliothek: Die Deutsche Nationalbibliothek verzeichnet diese Publikation in der Deutschen Nationalbibliografie; detaillierte bibliografische Daten sind im Internet über http://dnb.d-nb.de abrufbar.

*„The best book on marketing was not written by a Harvard professor. Nor by an alumnus of General Motors, General Electric, or even Procter & Gamble. We think the best book on marketing was written by a retired Prussian general, Carl von Clausewitz. Entitled „On War", the 1832 book outlines the strategic principles behind all successful wars."*

A. Ries, J. Trout[1] – „Marketing Warfare"

---

1 Al Ries und Jack Trout sind Autoren einiger der erfolgreichsten Marketingklassiker und gelten in den USA als DIE Marketingstrategen schlechthin.

# Inhalt

„Wir wollen hier nicht erst in eine schwer-
fällig publizistische Definition des Krieges
hineinsteigen, sondern uns an das Element
desselben halten, an den Zweikampf. Der
Krieg ist nichts als ein erweiterter Zweikampf. ... Jeder sucht den anderen durch
physische Gewalt zur Erfüllung seines Wil-
lens zu zwingen; sein nächster Zweck ist,
den Gegner niederzuwerfen und dadurch
zu jedem ferneren Widerstand unfähig zu
machen"

Carl von Clausewitz – „Vom Kriege"

# Vorwort

---

> „... es ist hier mehr als sonst nötig, mit
> dem Blick auf das Wesen des Ganzen an-
> zufangen, weil hier mehr als irgendwo mit
> dem Teile auch zugleich immer das Ganze
> gedacht werden muß."
>
> Carl von Clausewitz – „Vom Kriege"

Marketing sind hübsche bunte Bildchen, garniert mit einem knackigen Werbeslogan. Wenn Sie Marketing mit diesem Satz beschreiben haben Sie nicht ganz unrecht. Wenn aber nach einer kurzen, rhetorischen Pause immer noch nicht mehr kommt, sollten Sie unbedingt dieses Buch lesen, denn Marketing ist mehr, viel mehr ... sehr viel mehr.

Wenn Sie sich also schon immer einmal gefragt haben, was Marketing eigentlich ist, wie es funktioniert und welche Fallstricke es für uns bereit hält, sollen Sie unbedingt weiterlesen. Wenn Sie sich diese Frage noch nie gestellt haben und jetzt neugierig geworden sind, umso besser; Sie werden nicht enttäuscht sein. Aber genug um den heißen Brei herum geschrieben, lassen Sie uns beginnen: Wir könnten es kurz machen und uns mit folgenden zwei Definitionen zufrieden geben:

*„Marketing ist ein Prozess im Wirtschafts- und Sozialgefüge, durch den Einzelpersonen und Gruppen ihre Bedürfnisse und Wünsche befriedigen, indem sie Produkte und andere Dinge von Wert erstellen, anbieten und miteinander austauschen."*

P. Kotler[1] – „Marketing"

oder

*„Marketing ist die konzeptionelle, bewusst marktorientierte Unternehmensführung, die sämtliche Unternehmensaktivitäten an den Bedürfnissen gegenwärtiger und potentieller Kunden ausrichtet, um die Unternehmensziele zu erreichen."*

P. Runia, F. Wahl, O. Geyer, C. Thewißen – „Marketing"

Beides ist durchaus richtig. Wobei mir persönlich die zweite Definition besonders gut gefällt. Enthält sie doch einen netten Seitenhieb auf die vielen, von zahlenverliebten Managern geführten Unternehmen[2]. Aber wie auch immer und Hand aufs Herz: Wirklich sehr viel schlauer sind Sie

---

1 Amerikanischer Wirtschaftswissenschaftler und Professor für Marketing an der Kellogg School of Management der Northwestern University.

2 Bitte verstehen Sie mich nicht falsch. Die Zahlen eines Unternehmens müssen stimmen. Sie dürfen jedoch nicht zum allerhöchsten Entscheidungskriterium der Unternehmensstrategie werden. Dazu taugen sie einfach nicht. Warum? Wetten, dass Sie sich am Ende des Buches diese Frage nicht mehr stellen.

jetzt auch nicht und so richtig Spaß beim Lesen hatten Sie vermutlich auch keinen. Wir sollten also besser weitermachen.

Ein Problem des Marketings ist, dass der eine Teil von uns an die bereits erwähnten bunten Bildchen denkt und der andere Teil nicht wirklich etwas damit anfangen kann. Es bleiben also nicht viele Menschen übrig, die wirklich Ahnung haben. Beispielsweise fragte mich meine Mutter einmal: „Junge, was machst du eigentlich genau im Marketing?" Eine kurze, prägnante Antwort konnte ich ihr leider nicht geben. Ich glaube, ich sollte ihr dieses Buch schenken.

Nehmen Sie also nun eine entspannte Lesehaltung ein, sorgen Sie für etwas zu trinken, genügend Erdnüsse oder Chips und lassen Sie sich sogleich entführen in die wunderbare Welt der „hübschen bunten Bildchen" und der „knackigen Werbeslogans".

# „Ihr seid alles Loser!"

---

„... die Überraschung des Feindes ... liegt mehr oder weniger allen Unternehmungen zum Grunde, denn ohne sie ist die Überlegenheit auf dem entscheidenden Punkte eigentlich nicht denkbar. Die Überraschung wird also das Mittel zur Überlegenheit, aber sie ist außerdem auch als ein selbständiges Prinzip anzusehen, nämlich durch ihre geistige Wirkung."

Carl von Clausewitz – „Vom Kriege"

Schockiert? Entrüstet? Das waren bestimmt die meisten der Studenten einer amerikanischen Eliteuniversität, als ein Gastredner seinen Vortrag mit den Worten „You are all loser!" begann. Nebenbei bemerkt, möchte ich in diesem Moment nicht in der Haut desjenigen gesteckt haben, der den Gastdozenten für viel Geld eingeladen hat.

Ich war nicht dabei und vielleicht ist es auch nur eine dieser Geschichten, die wie aus dem Nichts auftauchen und sich hartnäckig halten, verbreiten und immer wieder aufs Neue erzählt werden – eben die berühmte Spinne in der Yucca-Palme[3]. Die besagte Anekdote rankt sich um keinen Geringeren als um Lawrence Joseph Ellison, auch genannt Larry Ellison. Einer der Gründer und Präsident von Oracle und einer der reichsten Menschen der Welt. Sicherlich diente dieses provokante Opening des Vortrages zum Teil auch Larry Ellisons Selbstdarstellung; gut, vermutlich zum größten Teil. Aber zum einen hatte er nun

---

3   „Die Spinne in der Yucca-Palme" steht sinnbildlich für die vielen sogenannten Urban Legends (modernen Sagen oder Wandersagen) und bezeichnet mehr oder weniger skurrile Anekdoten. Eben die Vogelspinne die zuhause aus der Yucca-Palme krabbelt, der Alligator in der Kanalisation usw.

die absolute Aufmerksamkeit der Studenten und zum anderen machte er damit auch eine klare Aussage: Man muss nicht studieren, auch nicht an einer Eliteuniversität, um erfolgreich zu sein. Larry Ellison hat zwar sehr erfolgreich begonnen, Mathematik zu studieren, jedoch traf ihn der Tod seiner Stiefmutter derart, dass er das Studium abbrach.

Was hat das Ganze nun bitte mit Marketing zu tun? Sehr viel und zunächst etwas ganz Entscheidendes – Gutes Marketing ist Erfolg und für Erfolg gibt es, wie für erfolgreiches Marketing, kein Rezept, keine Schule, kein Studium. Entweder man hat es oder man hat es nicht. Wenn, dann steckt es in Ihnen. Bitte! Wenn Sie jetzt gerade dabei sind, Marketing zu studieren oder eine Ausbildung darin zu machen, brechen Sie um Himmels Willen bitte nicht ab. Es gibt im Marketing Regeln und Mechanismen, die man lernen kann und kennen muss, um ein guter Marketeer zu sein. Aber wenn es nicht in Ihnen steckt, werden Sie nie zu den Besten gehören. Es kann eben nicht nur Ellisons, Gates', Fischers oder Waltons[4] geben. Im Sport gibt es einen vortrefflichen Begriff hierfür: Talent! Eine Fußballmannschaft besteht auch nicht aus lauter Peles oder Maradonas – und wenn doch, sie wäre nicht erfolgreich.

---

4 Artur Fischer ist Erfinder des Dübels, William „Bill" Henry Gates III einer der Gründer von Microsoft und Sam Walton ist Gründer des Wal-Mart-Imperiums.

Wie ging es mit Larry Ellison weiter? Was können wir aus seiner ungewöhnlichen Geschichte noch lernen? Nun, von irgendetwas musste der junge Ellison ja leben, und so jobbte er bei diversen Computerfirmen und verdiente sich ein paar Dollar. Es war nicht viel, gerade genug zum Leben. Allerdings befriedigten ihn die Aufgaben die er dort zu verrichten hatte nicht sonderlich. Also begann er, neben seiner eigentlichen Arbeit, sich sehr intensive mit dem Thema Informatik zu befassen. Er las Bücher, tüftelte und tauschte sich mit Gleichgesinnten aus. 1974 arbeitete er bei Ampex[5], damals eine nicht unwichtige Firma für Ton- und Magnetbandgeräte. Während seiner Arbeit bei Ampex wurde er zum ersten Mal mit dem Problem der limitierten Speicherkapazität der damaligen Massenspeicher[6] konfrontiert. Nach Apex entwickelte er im Auftrag von Precision Instruments eine Datenbank, die er nach seinem dortigen Ausscheiden weiter entwickelte. 1977 gründete er zusammen mit Bob Miner und Ed Oates sowie einem Stammkapital von $ 2.000 die Soft-

---

5   Das U.S. Amerikanische Unternehmen Ampex (**A**lexander **M**. **P**oniatoff **Ex**cellence) spielte in den späten 1940er Jahren eine bedeutende Rolle bei der Entwicklung von Ton- und Magnetbandgeräte.

6   Zur Veranschaulichung sei erwähnt, dass 1974 Speicherplatz kostbarer war als Gold. Das damalige Spitzenmodell von IBM verfügte über gerade einmal 30 Megabyte und war größer als ein Schuhschrank. 1979 kostete 1 Megabyte Speicherplatz noch unglaubliche DM 1.000 (rund € 510). Müssten Sie den Speicher Ihres PCs (vermutlich 4 Gigabyte) nach damaligen Verhältnissen bezahlen, Sie wären mit runden € 2 Mio. dabei.

ware Development Laboratories, heute bekannt als Oracle. Der Rest ist Geschichte.

Und welche Schlüsse können wir hieraus für das Marketing ableiten? Ganz einfach: Larry Ellison zählte eins und eins zusammen und erkannte den zukünftigen Bedarf einer leistungsfähigen Speicher- und Datenverwaltung. Er entwickelte, zunächst als Entwicklungsauftrag für Precision, eine frühe erste Version seiner Datenbank, die er später in eigener Regie weiterentwickelte. Selbstverständlich konnte auch Larry Ellison damals nicht erahnen, dass er damit einmal derart erfolgreich und zu einem der reichsten Menschen der Welt werden würde. Das ist aber auch nicht entscheidend. Das Entscheidende ist, dass er einen Bedarf erkannt hat und diesen erfüllen wollte und konnte. Marketing heißt also auch Augen und Ohren offen halten für die Belange der Menschen und daraus ein Geschäft zu machen. Unternehmen haben dazu die Marktforschung, Pioniere wie Ellison, Gates, Fischer und Walton das berühmte „Näschen".

# So oi Glomb![7]

---

*„Die Dauer eines Gefechtes ist gewisser-*
*maßen als ein zweiter untergeordneter Er-*
*folg zu betrachten. Dem Sieger kann ein*
*Gefecht niemals schnell genug entschie-*
*den sein, dem Besiegten niemals lange*
*genug dauern. Der schnelle Sieg ist eine*
*höhere Potenz des Siegers, die späte Ent-*
*scheidung bei der Niederlage ein Ersatz für*
*den Verlust. Dies ist im Allgemeinen wahr,*
*aber praktisch wichtig wird es bei der An-*
*wendung auf diejenigen Gefechte, deren*
*Bedeutung eine relative Verteidigung ist.*
*Hier liegt der ganze Erfolg oft in der bloßen*
*Dauer. "*

Carl von Clausewitz – „Vom Kriege"

---

7   Verzeihen Sie bitte den Dialekt. Aber als alter Schwabe konnte
    ich es mir einfach nicht verkneifen, diese, im Schwabenland weit
    verbreitete, Redensart zu verwenden. Wörtlich übersetzt bedeutet
    sie soviel wie ‚Was für ein Ramsch' bzw. ‚Was für ein Schund'.

An dieser Stelle wollen wir uns mit zwei weiteren wichtigen Aspekten des Marketings befassen. Es geht zunächst um die Haptik[8]; also wie fühlt sich ein Produkt an, wie liegt es in der Hand. Und es geht um eines der wichtigsten Themen des Marketings überhaupt: um die Psyche des Menschen, genauer gesagt um die unserer Kunden. Leider wird sie heute meist viel zu sehr vernachlässigt. sogar stiefmütterlich behandelt. Dabei ist sie der geheime Star, die graue Eminenz und hat ein solches Gewicht, ein solches Spektrum, dass sie sämtliche Bereiche des menschlichen Alltags beeinflusst. Darum werden wir ihr nicht nur in diesem Kapitel begegnen, sondern zwangsläufig immer wieder auf sie treffen.

Das Tolle an der Psyche ist gleichzeitig leider auch ihre Schwäche. Sie steuert, manipuliert und funktioniert unbewusst. Das bedeutet, dass der Erfolg einer Beeinflussung leider nicht ganz einfach zu messen ist. Ein sehr gutes Beispiel wie die Psyche uns unbewusst beeinflusst ist die se-

---

8   Die Lehre der haptischen Wahrnehmung (Haptik) beschreibt das aktive Erfühlen von Gegenständen (Gewicht, Größe, Strukturen, Konturen, Oberfläche, etc.).

lektive Wahrnehmung. Vereinfacht gesagt nehmen wir gewisse Dinge nur wahr, bzw. vermehrt wahr, wenn wir uns auch privat und/oder beruflich damit auseinander setzen. Ein Hobbyfotograf wird beim Spazierengehen deutlich mehr andere Menschen mit Fotoapparaten sehen als jemand, den dieses Thema nicht die Bohne interessiert. Junge frischgebackene Eltern werden in der Stadt plötzlich nur noch Kinderwagen sehen. 18 Monate zuvor müssen diese alle im Keller gestanden haben; das Paar nahm damals deutlich wenige Kinderwagen wahr. Themen also, für die wir ein gesteigertes Interesse haben. Wenn Sie jetzt sagen: „So ein Quatsch. Das stimmt nicht.", dann sollten Sie es einmal bewusst testen und sich selbst eine zeitlang beobachten. Danach werden Sie mir bestimmt zustimmen.[9]

Kommen wir nun aber wieder zurück zur Haptik im eigentlichen Sinne und lassen Sie uns gleich voll einsteigen. Ging es Ihnen nicht auch schon einmal so, dass Sie einen Gegenstand in die Hand genommen haben und das Gefühl hatten, „Wow, fühlt sich das gut an!" oder auch das Gegenteil, „Was ist das denn für ein Ramsch?" Letzteres müssen auch einige Testpersonen gedacht haben, als sie 1997 für Kodak eine neue Digitalkamera testeten. Die DC210 war für damalige Ver-

---

9  Übrigens sind die beiden Beispiele auch kein Zufall. Seit einigen Monaten schiebe ich selbst stolz einen Kinderwagen vor mir her und eine neue Fotokamera habe ich mir jüngst auch gekauft.

hältnisse technisch ein sehr innovatives Produkt und trotz ihres stolzen Preises von gut DM 2.500 (rund € 1.300) verhältnismäßig günstig. Dem stimmten die Probanten, die die Kamera testeten, auch zu. Auch optisch gefiel das kompakte Gerät dem Großteil der Tester. Jedoch fiel die Kamera, zur Überraschung der verantwortlichen Produktmanager, bei der Haptik komplett durch – „So oi Glomb" war auf gut Schwäbisch gesagt das Urteil in Sachen Haptik. Was war geschehen? Die Kodak-Strategen wollten eine Kamera, die ohne weiteres in der Jacken- oder Handtasche mitgenommen werden konnte. Das Gerät durfte also nicht zu groß und nicht zu schwer sein. Folglich reduzierte man Größe und Gewicht wo es nur ging. Was bei all den Überlegungen aber völlig vergessen wurde war die Psyche der Kunden.

Bevor es weiter geht machen wir zunächst ein kleines Experiment. Gehen Sie einmal in sich und überlegen, was Sie mit Stabilität und Wertigkeit assoziieren. Die meisten von uns werden mit Sicherheit „Stahl" und „Gold" antworten. Und was haben diese beiden Metalle gemeinsam? Richtig, sie sind schwer. Die Kamera aber war leicht und das war es, was die Testpersonen störte. Wenn etwas so leicht ist kann die Qualität nur minderwertig sein, es muss Ramsch sein. Das zumindest sagt uns unsere Psyche.

Sich ein wenig mit Psychologie zu beschäftigen ist für einen Marketeer also nicht unbedingt das Dümmste. Darüber hinaus hat uns dieses Beispiel auch gezeigt, dass Marketing auch etwas mit Produktdesign zu tun hat. Sie sollen jetzt aber um Gottes willen nicht den Job des Designers übernehmen. Vielmehr müssen Sie die Designer „bändigen" und führen, damit sie nicht übers Ziel hinaus schießen und ein Produkt designen, bei dem die Funktionalität auf der Strecke bleibt. Beispiele dafür gibt es leider genug; etwa die schicke Designer Teekanne, die von Tropfschutz noch nie etwas gehört hat.

Sie fragen sich jetzt bestimmt zu Recht was aus der DC210, der Kamera von Kodak wurde. Nun, sie wurde ein Erfolg. Aber erst nachdem ein wenig nachgebessert wurde. Es ist klar, dass die Kamera nicht komplett neu entwickelt werden konnte. Dazu war die „Party" schon zu weit geplant. Um das Gewichtsproblem also so schnell, kostengünstig und effektiv wie möglich zu lösen und weil die Jungs von Kodak clevere Kerlchen sind, haben sie einfach kleine Bleiplättchen gleichmäßig in der Kamera verteilt. Die Kamera war nun schwerer, vermittelte dadurch in der Haptik bedeutend mehr Wertigkeit und laut unserer Psyche war Sie nun ihren Preis auch wert.

# Der Preis ist heiß![10]

> *„In der verlorenen Schlacht ist die Macht des Heeres gebrochen worden: noch mehr die moralische als die physische. Eine zweite, ohne dass neue, vorteilhafte Umstände ins Spiel kommen, würde zur gänzlichen Niederlage, vielleicht zum Untergang führen. Das ist ein militärisches Axiom. Nach der Natur der Sache geht der Rückzug bis zu demjenigen Punkt, wo sich das Gleichgewicht der Kräfte wieder hergestellt haben wird, ..."*
>
> Carl von Clausewitz – „Vom Kriege"

---

10 Das Original der Sendung stammt aus den USA und wurde dort erstmals 1956 unter dem Titel „The Price is Right" ausgestrahlt. In der Show mussten Kandidaten den Preis unterschiedlichster Haushaltsprodukte möglichst genau erraten ohne jedoch zu hoch zu schätzen. Wer am nächsten dran war gewann das Produkt.

Keine Angst, ich habe nicht vor, der ehemals durchaus erfolgreichen Spielshow zu einem Revival zu verhelfen. Nur ist der Titel so passend, der Preis ist tatsächlich ein heißes Thema im Marketing. Der richtige Preis ist nicht selten entscheidend für den Erfolg oder Misserfolg eines Produktes. Jedoch spielt nicht die absolute Höhe die entscheidende Rolle. Vielmehr lautet die Frage: „Was darf ein Produkt, was MUSS ein Produkt kosten, damit es ein Erfolg wird?" Controller und Kostenrechner werden es vermutlich nicht gerne hören, es sind nicht die harten Fakten wie Herstellungs- oder Verwaltungskosten, die den Preis eines Produktes bestimmen sollten. Es sind die weichen Faktoren wie die wirtschaftliche Lage ihrer Kunden und – Sie können es sich vermutlich schon denken, die Psyche des Menschen, die eine entscheidende Rolle bei der Findung des richtigen, des heißen Preises spielen.

Ist Ihnen eigentlich schon einmal aufgefallen, dass es von einem Produkt eines Herstellers oftmals verschiedene Ausprägungen gibt. Wenn nicht, werden Sie bestimmt in nächster Zeit vermehrt darauf achten. Wie die Psychologen dies nennen wissen Sie ja bereits. Richtig, selektive Wahrnehmung[11].

Oft spielen rein wirtschaftliche Aspekte eine Rolle wenn verschiedene Variationen eines Produktes angeboten werden. Es gilt die Produktion auszulasten, die Entwicklungskosten pro Stück zu relativieren oder durch größere Abnahmemengen der Rohstoffe einen besseren Einkaufspreis bei den Lieferanten zu erzielen. Fernsehapparate einer Gerätereihe sind äußerlich nahezu identisch. Unterscheiden sich aber logischerweise in der Funktionalität. Diese beeinflusst den Preis. Je mehr Funktionalität, desto teurer ist das Produkt. Klingt logisch, vernünftig und alle machen es so. Viel entscheidender aber als die unterschiedlichen Funktionalitäten sind die so entstehenden Bezugspunkte, bzw. Vergleichsmöglichkeiten für das Gehirn, die die verschiedenen Preise bieten. Die Wertigkeit der unterschiedlichen Fernsehgeräte kann anhand des Preises von unserem Gehirn viel einfacher eingeordnet werden. Hand aufs Herz, wenn Sie sich ein HDTV[12]-Gerät kaufen, dann nicht weil es das eine oder andere Feature (das die meisten unter uns ohnehin nicht verstehen, wahrnehmen oder jemals benutzen werden) zusätzlich hat als ein anderes, sondern weil der

---

11 Siehe dazu auch Kapitel „So oi Glomb!"

12 HDTV (**H**igh **D**efinition **T**ele**v**ision), also hochauflösendes Fernsehen hebt sich gegenüber herkömmlichen Fernsehnormen durch eine höhere vertikale, bzw. horizontale und/oder temporale Auflösung ab. Kurz gesagt es macht deutlich schärfere Bilder.

Preis für Sie der passende ist.

Wie wichtig der Preis für die Orientierung und Entscheidung ist zeigt auch folgendes Beispiel. Eine US-Firma brachte als eine der Ersten eine neue innovative Brotbackmaschine auf den Markt. Damaliger Preis $ 275. Zu Recht werden Sie jetzt sagen: „Nicht gerade ein Schnäppchen." – (schon gar nicht zur damaligen Zeit). So sahen dies auch die amerikanischen Verbraucher. Die ließen den Backautomaten nämlich links liegen. Die einfachste und naheliegenste Lösung wäre gewesen, den Preis des Gerätes zu senken, um es attraktiver und konkurrenzfähiger zu machen – viele (wenn nicht sogar die meisten) von uns hätten es vermutlich so gemacht und wären überzeugt gewesen, das Richtige zu tun. Dies hätte den Absatz vermutlich auch ein wenig gesteigert. Rasant nach oben gegangen ist er allerdings durch folgende Strategie: „Wenn den Kunden die Maschine zu teuer ist, sollten wir eine noch teurere auf den Markt bringen." Gesagt-getan. Der Hersteller brachte einen, wirklich nur leicht, modifizierten Brotbackautomaten auf den Markt, peppte ihn optisch noch etwas auf und machte ihn deutlich teurer. Die Konsumenten hatten nun einen Vergleich und empfanden die erste Maschine als preiswert. In der Psychologie spricht man in diesem Fall auch von einem „Anker", einem Bezugspunkt. Bei der besagten Firma handelt es sich im Übrigen um Cuisinart. Heute einem der führenden US-Hersteller für Haushaltsgeräte.

Ein weiteres, vielleicht geläufigeres Beispiel, wie sehr wir vom richtigen Preis beeinflusst werden, begegnet uns beim Weinkauf. Wein ist eines der Güter, die überwiegend aufgrund der Verpackung (Flaschenform und Etikett) und des richtigen Preises gekauft werden. Die Qualität oder Marke spielt extrem selten eine Rolle. Was bitte dann? Gehen wir wie immer von der Masse unter uns aus, also vom Durchschnitt. Der durchschnittliche Weinkäufer weiß vor dem Kauf im besten Fall aus welchem Land der Wein seiner Wahl kommen und ob es ein Roter, Weißer oder Rosé sein soll. Der Rest wird „aus dem Bauch" heraus entschieden. Was passiert also genau? Zunächst findet eine Vorselektion statt – welche Flaschen sprechen mich an (Flaschenform und Etikett). Als nächstes wird der Preis betrachtet. Ist der Preis zu niedrig muss es ein schlechter Wein sein oder aufgrund des Anlasses darf er diesmal ruhig etwas teurer sein. Ist der Preis zu hoch überschreitet er entweder unser Budget oder der Anlass ist es nicht wert. Beide Male werden wir eine erneute Vorselektion nach dem Aussehen der Flasche vornehmen. Haben wir letzlich zwei, drei Weine gefunden, deren Flaschen uns ansprechen und in unsere Preisspanne passen, werden wir uns mehrheitlich für den Wein entscheiden, der preislich im Mittelfeld[13]

---

13 Dass sich im Allgemeinen die Mehrheit immer im Mittelfeld wiederfindet, wurde mathematisch bereits von Carl Friedrich Gauß (1777 bis 1855) in seiner nach ihm benannten Gaußschen Normalverteilung bewiesen.

liegt. Durch die Vorselektion haben wir uns automatisch „Anker" am oberen und unteren Ende geschaffen, die uns bei unserer Entscheidung geholfen, ja sogar die Entscheidung unbewusst abgenommen haben.

Ein weiterer Faktor, den ein Marketeer bei der Preisfindung beachten muss, ist die wirtschaftliche Lage. In schlechten Zeiten greifen Verbraucher vermehrt auf günstigere Produkte zurück, bzw. halten sich allgemein mit Investitionen zurück. In guten Zeiten sind sie entsprechend großzügiger. Zu Recht werden Sie jetzt vermutlich sagen: „Ach nein, das ist ja mal ganz was Neues!". So einfach ist es allerdings nicht. Denn der Effekt, dass Verbraucher zurückhaltender oder großzügiger mit ihrem Geld umgehen, tritt meist zeitversetzt ein. Sprich, geht es mit der Wirtschaft bergab, wird der Verbraucher nicht sofort seine Ausgaben reduzieren und zu günstigeren Produkten greifen. Er bleibt vielmehr noch optimistisch und vertritt den Standpunkt, dass es so schlimm schon nicht werden wird. Auf der anderen Seite hält der Verbraucher sich mit Ausgaben auch dann noch zurück, wenn die Wirtschaft bereits wieder angezogen hat. Er wartet zunächst ab, ob der Aufschwung wirklich von Dauer ist oder ob es sich nur um ein „Strohfeuer" handelt. Die Psychologie spielt hier also ebenfalls eine nicht zu unterschätzende Rolle. Was heißt das bitte für die Preisgestaltung? Ganz einfach: Wenn unser Unternehmen ein neues Produkt auf den Markt bringt und wir uns gerade am

Anfang eines wirtschaftlichen Abschwungs befinden werden die Verbraucher zukünftig vermehrt preissensibel reagieren. Wir müssen uns also gut überlegen, ob das aktuelle Preisniveau am Markt noch unter Druck geraten wird und müssen den Preis entsprechend wählen. Wir können uns natürlich auch bewusst zunächst für einen höheren Preis entscheiden und später, im Rahmen einer „allgemeinen Preisaktion", den Preis senken. Aber Achtung: Preisreduktionen als Kaufargument zu nutzen, funktioniert nicht für jedes Produkt bzw. nicht in jeder Branche. Und – ist der Preis erst einmal reduziert lässt er sich, ohne Absatzverlust, so gut wie nie wieder erhöhen.

Und noch ein Faktor, den wir bei der Preisfindung unbedingt beachten müssen - das Produkt selbst bzw. seine Positionierung. Wollen wir unser Produkt als edel und exklusiv positionieren, so wäre ein niedriger Preis fatal. Denn, wenn sich die breite Masse unser Produkt leisten kann, ist es nicht exklusiv und wird von den oberen Zehntausend kaum konsumiert werden. Ist der Preis im Vergleich zu Konkurrenzprodukten hingegen hoch bis sehr hoch werden wir unser Ziel erreichen. Ich möchte Ihnen dies an einem sehr einfachen

Beispiel verdeutlichen. Ähnlich dem Tafelwasser[14] „Bling H2O"[15] gibt es noch einige andere extrem hochpreisige Anbieter. All diese Wässer werden nur aus einem Grund konsumiert, wegen des hohen Preises. Die Qualität oder der Geschmack dieser Wässer sind mit denen von normalpreisigen identisch, manchmal sogar minderwertiger. Für die Konsumenten dieser Produkte spielt die Qualität in diesem Fall jedoch nur eine sekundäre Rolle. Was viel wichtiger ist, ist die Exklusivität. Und wenn das Wasser dann noch ein gewisses Mindestmaß an Qualität besitzt und nicht gerade nach Dreck schmeckt, dann sagt uns unsere Psyche auch gleichzeitig das dass teure Produkt auch besonders gut, sogar besser sein muss. Wir schlagen also zwei Fliegen mit einer Klappe.

Nicht für jedes Produkt entscheidend, aber im Lebensmitteleinzelhandel das A und O, ist das Aussehen des Preises. „Das Aussehen?" werden Sie sich nun fragen: Ja genau das Aussehen. Ein Preis von € 4,98 sieht doch deutlich besser (günstiger) aus als € 5. Ich zum Beispiel, habe noch nie eine Tafel Schokolade für 50 oder 60 Cent

---

14 In Deutschland wird unterschieden zwischen Tafelwasser und Mineralwasser. Tafelwasser wird industriell hergestellt und ist in der Regel eine Mischung aus verschiedenen Wässern. Das qualitativ hochwertigere Mineralwasser hingegen muss bestimme Mindestvoraussetzungen (Mineralgehalt etc.) erfüllen und stammt nur aus einer Quelle.

15 Bling H20 wurde vom Hollywood Autor und Produzenten Kevin G. Boyd kreiert. Die Flaschen sind aus satiniertem Glas und mit Swarovski-Steinen besetzt.

gekauft. Es waren immer 49 oder 59 Cent. Die Psyche sagt uns, dass ein ungerader Preis deutlich günstiger ist als der nächst höhere gerade Preis – auch wenn es nur ein, zwei Cent sind. Gerade in Branchen, in denen die Produkte generell günstig sind, spielt das Aussehen des Preises eine wichtige Rolle.

Sie sehen also, es gibt weit mehr und komplexere Faktoren, die wir bei der Preisgestaltung beachten müssen als nur die Herstellungs- und anteiligen Verwaltungskosten sowie der Gewinnzuschlag. Zwar ist nicht jeder der genannten Punkte für jedes Produkt bzw. jede Branche gleich wichtig. In extrem seltenen Fällen beeinflussen sogar wirklich nur die kalkulatorischen Kosten und das Verhandlungsgeschick des Verkäufers den Preis. Häufig ist dies in Oligopolen[16] der Fall. Aber im Allgemeinen muss sich gutes Marketing der Bedeutung der verschiedenen Einflussfaktoren bewusst sein und ihnen die entsprechende Aufmerksamkeit bei der Preisgestaltung zukommen lassen.

---

16 Von einem Oligopol spricht man, wenn ein Markt aus vielen Nachfragern aber nur aus wenigen Anbietern besteht, zum Beispiel die Luftfahrtindustrie.

# Weniger ist mehr!

---

*„Viel häufiger hat die relative Überlegenheit, d. h. die geschickte Führung überlegener Streitkräfte auf den entscheidenden Punkt, ihren Grund in der richtigen Würdigung dieser Punkte und der treffenden Richtung, welche die Kräfte von Hause aus dadurch erhalten, in der Entschlossenheit, welche erforderlich ist, um das Unwichtige zum Besten des Wichtigen fallen zu lassen, d. h. seine Kräfte in einem überwiegenden Maße vereinigt zu halten..."*

Carl von Clausewitz – „Vom Kriege"

Heute kaum vorstellbar, aber Anfang der 1990er Jahre lag der Sportwagenbauer Porsche praktisch am Boden. Nichts war mehr übrig vom Glanz vergangener Tage Der einstige Hengst[17] war nur noch ein lahmer Gaul, der seine letzten Tage auf dem Gnadenhof verbrachte. Was war passiert? Vereinfacht gesagt, Porsche hatte sich mit seiner Modellpolitik völlig verrannt. Aber sehen wir uns die Geschehnisse der Reihe nach an. Zunächst wurde Porsche vom Erfolg der 911er-Reihe und der natürlichen Gier auf mehr Umsatz und mehr Marktanteil angespornt, sein Portfolio zu erweitern. Also brachte das Unternehmen 1976 zunächst den 924er auf den Markt. Er wurde als günstiges Einsteigermodell unterhalb des 911er positioniert. Im Laufe der Zeit füllte Porsche seinen Bauchladen mit immer weiteren Modellen, die alle über oder unter DEM Porsche, dem 911er, positioniert wurden – 944er, 928er usw. Zwar konnten die Modelle Anfangs tatsächlich einen gewissen Erfolg verbuchen, langfristig aber schadeten sie dem Unternehmen und führten es in eine lange, schwere und beinahe tödliche Krise.

---

17 Ein Hengst ziert das Porsche Logo.

So weit die Geschichte, so weit so gut. Es stellt sich aber noch eine, auf den ersten Blick, durchaus berechtigte Frage nämlich:

„Wenn doch die Modelle ihre Käufer fanden, warum blieb der langfristige Erfolg aus?" Richtig, die Psyche ist schuld. Wieder einmal. Genauer gesagt, die Wahrnehmung des Kunden. In der Wahrnehmung eines Porschefahrers und Sportwagenfans ist ein Porsche nur dann ein Porsche, wenn der Wagen über einen Heckmotor verfügt. Neben dem Zündschloss, das sich beim 911er traditionell auf der linken Lenkradseite befand, war dies eines der prägnantesten Merkmale des erfolgreichen Porschemodells. Die neuen Modelle aber hatten alle einen Frontmotor. Einen Frontmotor? Ja, genau. Einen Frontmoter! So wie ein Golf, ein Toyota oder sonst ein x-beliebiges Auto auch. In der Wahrnehmung der traditionellen Porschekunden waren diese Autos keine echten Porsches, weshalb sie von dieser Klientel auch nicht gekauft wurden. Käufer der neuen Modelle waren größtenteils Neukunden. Zu Recht, werden Sie jetzt sagen: „Das ist doch ideal, besser kann es doch gar nicht laufen. So kannibalisieren sich die Modelle nicht gegenseitig." Grundsätzlich haben Sie ja Recht. Nur hat die Sache einen „kleinen" Schönheitsfehler. Am Anfang verlockte noch der Reiz des Neuen, und Porsche war ja nicht irgendein Auto. Mit dem 924er konnten sich plötzlich auch weniger betuchte Kunden einen Porsche leisten. Viele nutzten auch die Gelegenheit und sonnten sich mit ihrem 924er in der Aura und dem Mythos des 911er. Zum einen lässt aber der Reiz des Neuen mit der Zeit nach, zum anderen kratzte der günstige Porsche auch am Image des Sportwagenherstellers als Premiummarke. Denn der 924er wurde spöttisch auch als „Hausfrauenporsche" bezeichnet.

Neben dem Imageproblem hatte Porsche auch mit internen Problemen zu kämpfen, die die Ausweitung der Modellpalette mit sich brachte: die Produktionsprozesse waren schlecht, die Kosten für Modellentwicklung und -pflege stiegen, Qualitätsprobleme häuften sich und ... und ... und. Das alles führte letztlich dazu, dass Porsche Anfang der 1990er-Jahre vor einem Berg von Problemen und dem Ruin nahe stand.

Die Wende kam 1993, als Wendelin Wiedeking den Vorstand von Porsche übernahm. Er schaffte es, den Wert des Unternehmens von läppischen € 300 Mio. im Jahr 1993 auf sagenhafte € 25 Mrd. im Jahr 2007 zu steigern. Selbst inflationsbereinigt eine Leistung, die Ihresgleichen sucht und allerhöchsten Respekt abverlangt. Was Wiedeking gemacht hat ist relativ simpel, erforderte aber sehr viel Mut, Geschick und Überzeugungsarbeit. Wiedeking verpasste dem Sportwagenhersteller eine Rosskur[18]. Außer dem echten Porsche, dem 911er, fielen im ersten Schritt sämtliche Modelle

---

18 Entschuldigen Sie bitte das Wortspiel, aber es ist so passend.

dem Rotstift zum Opfer. Zeitgleich führte Wiedeking ein konsequentes Qualitätsmanagement ein. So konzentrierte sich der Sportwagenhersteller wieder auf seine Stärken: dem Bauen von hochpreisigen und hochwertigen Sportwagen. Drei Jahre später war die Markteinführung des Porsche Boxster. Dieser war preislich unterhalb der 911er-Reihe angesiedelt und ließ bei Porsche regelrecht die Kassen klingeln.

Worin lag jetzt bitte der Unterschied zum Porsche 924, welcher preislich auch unterhalb des 911er lag und dem Porsche Boxster? Zwei entscheidende Faktoren: Zunächst lag der Boxster mit knapp € 38.000 Einstiegspreis zwar preislich unter einem 911er. Dennoch konnte man ihn 1996 nicht gerade als Schnäppchen bezeichnen. Ein zweiter „Hausfrauenporsche" würde dies also nicht werden. Ein weiterer sehr wichtiger Punkt war, dass der Porsche Boxster ein Roadster war und sich damit grundsätzlich von der 911er-Reihe unterschied. Die Grenzen der beiden Modellreihen verschwammen nicht ineinander, sondern waren scharf voneinander getrennt und dem Kunden wurde kein Bauchladen von sich überlappenden Modellen präsentiert.

Durch die radikale Reduzierung seines Portfolios und der Konzentration auf seine Stärken ist es dem schwäbischen Autobauer gelungen, aus weniger Modellen mehr, deutlich mehr Umsatz und Gewinn zu machen als vorher mit der breiten Produktpalette. Vom Marktwert des Unternehmens ganz zu schweigen.

Gutes Marketing hat also auch auf das Produktportfolio, die Produktpolitik und -strategie eines Unternehmens ein scharfes Auge. Wie Porsche zeigt, spielt dabei die Wahrnehmung des Kunden eine entscheidende Rolle. Eine klare Abgrenzung des Produktportfolios ist nicht nur ein Vorteil in der Vermarktung. Vielmehr hilft es auch dem Organismus Unternehmen selbst. Alle arbeiten für ein Produkt, für ein Ziel. Es gibt sehr viel weniger Interessenskonflikte und die Ressourcen können fokussiert und effizient eingesetzt werden.

Jedoch scheint sich das Sprichwort „Die Geschichte wiederholt sich", auch für Porsche zu bewahrheiten. Mit der Einführung des Geländewagens Cayenne, dem Coupe Cayman[19] und der Limousine Panamera bewegt sich Porsche meines Erachtens wieder in die falsche Richtung. Ein Geländewagen und eine Limousine sind keine Sportwagen. Und macht es wirklich Sinn von einem Roadster eine Coupeversion zu verkaufen? Von den verwirrenden Namen ganz zu schweigen – wie hieß das Roadster Coupe nochmals?

---

19 Der Porsche Cayman ist die geschlossene Variante des Porsche Boxster.

Aus Zuffenhausen hört man dieser Tage auch, dass ein Volumenmodell gemeinsam mit Volkswagen geplant ist. Befürworter dieser Modellstrategie werden nun den Plattformgedanken[20] und die damit verbundenen Kostenvorteile als Argumente in die Wagschale werfen. Das mag schon stimmen. Aber was bringen all die schönen Kostenvorteile, wenn der Kunde eine andere Sicht der Dinge hat und die Autos keiner haben will? Ob das was wird? Ich denke nicht.

Sicherlich, ganz bestimmt sogar, wird es zu Beginn wieder einen gewissen Erfolg der neuen Modelle geben. Doch der kurzfristige Erfolg ist nicht das Entscheidende. Entscheidend ist der langfristige Erfolg, die langfristige Kundenbindung. Denn der Kunde ist ein träges Wesen und das Gesetz der Trägheit[21] lässt sich auf Menschen ebenso anwenden wie auf physikalische Körper. Ein Kunde bleibt in der Regel einer Marke und einem Produkt treu, wenn nicht äußere oder innere Kräfte und Einflüsse ihn dazu drängen, sich zu „bewegen". Dies geschieht nicht sofort, sondern ist ein Prozess der sich langsam entwickelt. Doch ist der Kunde erst einmal in Bewegung, ist er nur schwer

---

20 In der Automobilindustrie wird als Plattform eine einheitliche technische Basis bezeichnet, auf die, äußerlich verschieden, unterschiedliche Modelle aufbauen.

21 Das Trägheitsgesetz ist eines von Newtons Gesetzen aus dem Jahr 1687. Das erste Newtonsche Gesetz (Trägheitsgesetz) besagt: „Ein Körper verharrt im Zustand der Ruhe oder der gleichförmigen Translation, sofern er nicht durch einwirkende Kräfte zur Änderung seines Zustands gezwungen wird."

zu halten und noch schwerer ist es, ihn zurück zu holen. Ein Auto benötigt zu Beginn viel Energie, um es aus seiner Trägheit, dem Stand, in Fahrt zu bringen. Doch wenn es einmal in Bewegung ist, muss viel Energie, aufgewendet werden, um es wieder zu stoppen.

# Das zweitbekannteste Wort der Welt!

---

*„Und so geschieht es denn, dass die große Mehrheit der Feldherren lieber weit hinter dem Ziel zurückbleibt, als sich ihm zu sehr zu nahen, und dass ein schöner Mut und hoher Unternehmungsgeist oft darüber hinausgerät und also seinen Zweck verfehlt. Nur wer mit geringen Mitteln Großes tut, hat es glücklich getroffen.“*

Carl von Clausewitz – „Vom Kriege“

Das bekannteste Wort der Welt ist eigentlich gar kein richtiges Wort, sondern eine Abkürzung – nämlich „OK". Man kann also den Zweitplatzierten durchaus auf dasselbe Treppchen mit dem Ersten stellen. Was aber bitte hat das zweitbekannteste Wort der Welt mit Marketing zu tun? Kurz gesagt: „Alles", denn es ist ein Markennamen und einer der wertvollsten Marken der Welt. Nicht umsonst hat der ehemalige Vorstand des gleichnamigen Unternehmens, Robert W. Woodruff, einmal über seine Marke gesagt: „Die Marke ist unser wertvollstes Gut, sie zu pflegen ist unsere oberste Pflicht." Damit hatte er absolut Recht. Die Marke ist in unserer konsumorientierten Gesellschaft das, woran wir uns am meisten orientieren. Mit einer Marke verbinden wir Werte und Emotionen. Wenn wir einen BMW kaufen, kaufen wir nicht nur ein Auto, wir kaufen auch „Freude am Fahren".

Die Marke ist die Seele unseres Produktes und sie definiert seinen Charakter. Die Pflege einer Marke, bzw. die Markenstrategie ist deshalb eine der wichtigsten Aufgaben des Marketings. Ein Missbrauch der Marke wird sich langfristig rächen. Mit Porsche haben wir uns bereits ein Beispiel betrachtet, wie sich der Missbrauch einer Marke auswirken kann. Für den Konsumenten ist ein Porsche ein hochpreisiger, qualitativ hochwertiger Sportwagen mit Heckmotor. Unter der Marke Porsche Modelle wie den 924er und 944er zu positionieren konnte nicht funktionieren. Ein Porsche kann nicht gleichzeitig front- und heckbetrieben sein, er kann nicht günstig und teuer zugleich sein. Hätte Porsche die günstigen Modelle unter einer eigenen neuen Marke vermarktet, wäre die Geschichte vermutlich anders verlaufen. Mercedes hat mit dem Smart gezeigt wie man es richtig macht.

Die Marken Siemens und GE (General Electric) stehen wofür? Wenn ich tippe, auf diese Frage mindestens 15 verschiedene Antworten zu bekommen, liege ich mit Sicherheit nicht ganz falsch. Das Spektrum dürfte von „keine Ahnung" über „Kraftwerksbau", „Haushaltsgeräte", „Bank", „medizinische Geräte" bis hin zu „Automatisierungstechnik" reichen. Beide Unternehmen verkaufen unter der jeweiligen Marke derart viele unterschiedliche Produkte und Dienstleistungen, dass die Marke im Vergleich mit dem materiellen Unternehmenswert eigentlich wertlos ist. Beide Unternehmen verdienen, verglichen mit ihrer Größe, auch nicht wirklich viel Geld. Lediglich die Unternehmensbereiche, die sich in einem Oligopol[22] bewegen,

---

22 In einem Oligopol gelten, ebenso wie in einem Monopol, die Gesetze des Marketings nur beschränkt.

tragen deutlich zum Unternehmenserfolg bei. In allen anderen Bereichen sind sie eher Mittelmaß oder fahren die Unternehmungen komplett gegen die Wand. Siemens musste seine Handy-Sparte (Siemens mobile) an BenQ verschenken und sogar noch einige € 100 Mio. als Mitgift beisteuern. Die GE Money Bank erweist sich ebenfalls als Flop und musste in einigen Ländern bereits an andere Bankhäuser verkauft werden. Bei den Haushaltsgeräten sieht es zwar ein wenig besser aus. Kühlschränke, Wasch- und Spülmaschinen finden ihre Käufer, die Marktführer sind aber andere; nämlich die, die ihrer Marke ein klares Profil gegeben haben, Miele oder Whirlpool zum Beispiel. Mischkonzerne wie Siemens oder GE befinden sich in einem ständigen Restrukturierungsprozess und überleben teilweise nur ihrer schieren Größe wegen. Zu den Besten zählen sie aber nicht. Die beiden Marken stehen für vieles und gleichzeitig für nichts und stehen deshalb in der Wahrnehmung des Kunden auch nicht an oberster Stelle. Und Produkte, die auf der „Einkaufsliste" nicht oben stehen, werden seltener gekauft.

Und wer steht bitte ganz oben auf der „Einkaufsliste"; wer hat eine starke und unverfälschte Marke? Beginnen wir die Antwort mit einer Gegenfrage: „Womit putzen Sie sich die Nase?" Die überwältigende Mehrheit von uns wird „Tempo" zur Antwort geben. Tempo ist eines der Produkte, das es geschafft hat, aus seinem Markennamen einen Gattungsbegriff[23] zu machen. Über Jahrzehnte hinweg gab es unter der Marke Tempo[24] nur Papiertaschentücher, nichts anderes. Jedem war klar wofür die Marke stand. Leider versuchen die Verantwortlichen bei SCA[25] in jüngster Zeit, durch eine Ausweitung des Markennamens auf Toilettenpapier, weiteres Umsatzpotential zu erschließen. Jedoch verwischen sie damit gleichzeitig das scharfe Markenprofil des Produktes. Ich denke, dass dies nur ein kurzes Intermezzo werden wird. Oder möchten Sie sich mit etwas die Nase putzen, was andere Leute für, drücken wir es einmal schmeichelhaft aus, ihren Popo verwenden?

Machen wir besser weiter mit unserer „Einkaufsliste". Ähnlich wie Tempo haben es auch Uhu oder Post-It geschafft, aus ihrem Markennahmen einen Gattungsbegriff zu machen. Dies gelang nur durch konsequente Markenpflege, einer Fokussierung der Marke und natürlich auch mit etwas Glück. Als es noch keine Smartphones gab haben wir uns als Handy meist ein Nokia[26] gekauft. Bei Sportwagen denken die meisten von uns an

---

23 Als Gattungsbegriff wird im Marketing eine ganze Produktkategorie bezeichnet.

24 In den USA und anderen Ländern hat Kleenex dieselbe Bedeutung.

25 SCA (**S**venska **C**ellulosa **A**ktiebolaget) ist ein schwedischer Hersteller von Zellulose- und Papierprodukten.

26 Laut Gartner hatte Nokia 2009 einen Weltmarktanteil von 38,6 %. Samsung als Zweiter mit 16,3 % nicht einmal die Hälfte.

Porsche und Ferrari, bei Fastfood an Mc Donald's. Die Handwerker unter uns kaufen sich Fischer-Dübel und SPAX-Schrauben[27]. Ein Kaffeevollautomat kommt meist aus der Schweiz und trägt den Namen Jura. Und wenn die Sekretärin wieder Büromaterial kauft, wird ein Edding mit Sicherheit nicht fehlen. Es lohnt sich also durchaus, seiner Marke ein klares und scharfes Profil zu geben, standhaft zu bleiben und den Verlockungen der Line Extension oder noch schlimmer, der Brand Extension[28] zu widerstehen.

Eines der beeindruckendsten Beispiele, wie konsequent und erfolgreich Unternehmen eine messerscharfe Mehrmarkenstrategie umsetzen, ist Procter & Gamble[29]. Gut möglich, dass Sie den US-Konzern nicht kennen, das Unternehmen tritt in der Vermarktung seiner Produkte nämlich nie als solches auf. Auch auf der Verpackung ist der Firmenname nur unscheinbar als Pflichtangabe aufgeführt. Procter & Gamble hält seine Marken rigoros voneinander getrennt und stellt in der

---

27 SPAX-Schrauben verfügen über ein patentiertes gewelltes Gewinde, welches besonders leichtes und sicheres Verschrauben ermöglicht. SPAX-Schrauben stehen mittlerweile als Synonym für Spanplattenschrauben.

28 Die beiden Begriffe Line- bzw. Brand-Extension beschreiben das Ausdehnen eines Markennamens auf ein neues Produkt im gleichen Segment (Line-Extension – Becks und Becks Light) bzw. auf ein komplett neues Segment (Brand-Extension – Tempo und Tempo Toilettenpapier).

29 Procter & Gamble erwirtschaftete 2009 einen Umsatz von rund $ 79 Mrd. und ist zusammen mit Nestle einer der weltweit erfolgreichsten Konsumgüterproduzenten der Welt.

Außendarstellung bewusst keine Querverbindungen her. Stattdessen erhält jede Marke ein eigenes und unverwechselbares Profil, einen eigenen Charakter und wird beharrlich beworben: steter Tropfen höhlt den Stein. Das Unternehmen wäre schon längst pleite, wenn es seine Produkte allesamt unter der Marke Procter & Gamble verkaufen würde. Procter & Gamble-Zahnpasta, Procter & Gamble-Rasierer, Procter & Gamble-Windeln, Procter & Gamble-Shampoo. Stattdessen hat das Unternehmen Marken geschaffen oder gekauft, die allesamt in ihrem Segment ganz oben auf der „Einkaufsliste" stehen: blend-a-med, Braun und Gillette, Pampers, Wella und so weiter. Nicht umsonst gilt Procter & Gamble auch als DAS Marketingmekka und als Pionier des Markenmanagements.

Trotz der vielen negativen Beispiele, die es weltweit gibt, ist es umso erstaunlicher, wie viele Unternehmen nach wie vor all ihre Produkte unter einer einzigen Marke verkaufen. Außer mit einem zu großen Ego der jeweiligen Verantwortlichen lässt sich dass kaum erklären.

Ach ja, das zweitbekannteste Wort der Welt. Na welches wird es wohl sein? Coca-Cola!

## Hübsche bunte Bildchen, garniert mit einem knackigen Werbeslogan!

"...die absolute Stärke ist in der Strategie meistens ein Gegebenes, an welchem der Feldherr nichts mehr ändern kann. Die Folge unserer Betrachtung kann aber nicht sein, dass der Krieg mit einem merklich schwächeren Heer unmöglich sei. Der Krieg ist immer ein freier Entschluss der Politik, und am wenigsten ist er da, wo die Kräfte sehr ungleich sind; folglich lässt sich jedes Machtverhältnis im Kriege denken, und es wäre eine sonderbare Kriegstheorie, die sich ganz lossagen wollte, wo sie am meisten gebraucht wird."

Carl von Clausewitz – "Vom Kriege"

„Also doch!"", werden Sie jetzt vielleicht sagen. Was sich jedoch so profan und lapidar anhört, bunte Bildchen und knackige Werbeslogans, ist eine kleine Wissenschaft für sich und führt so gut wie immer zu den heftigsten Diskussionen unter den Entscheidern und Verantwortlichen. Über Geschmack lässt sich bekanntlich vorzüglich und mit vollster Hingabe streiten, über funktionierende Werbung allerdings nicht. Entscheidend ist nicht, ob die Anzeige oder der Werbespot gefällt. Entscheidend ist alleine, ob sie bzw. er funktioniert. Wenn beides vereinbar ist, wunderbar; wenn nicht, pfeifen Sie aufs „Gefallen"" und entscheiden sich bitte fürs „Funktionieren"". „Und was funktioniert?"" werden Sie nun zu Recht fragen. Naja, wie schon gesagt: Werbung ist eine kleine Wissenschaft für sich. Und diese Frage in einem Satz zu beantworten, wäre so, als wollte man die Relativitätstheorie[30] von Albert Einstein für jeden verständlich auf einen Bierdeckel schreiben. Aber

---

30 Die Relativitätstheorie beschäftigt sich mit den Zusammenhängen von Raum, Zeit und Gravitation. Sie wurde in zwei Teilen, der speziellen (1905) und der allgemeinen (1916) Relativitätstheorie, von dem Physiker Albert Einstein veröffentlicht. Der Relativitätstheorie entstammt auch die weltbekannte Formel $E=mc2$

keine Sorge, neben diversen Büchern, die sich detailliert mit diesem Thema beschäftigen, gibt es ein paar prägnante Regeln, die, wenn sie eingehalten werden, schon einmal die halbe Miete sind.

Bevor wir uns ans „Bezahlen der Miete" machen beginnen wir zur Abwechslung wieder mit einer Frage: Was fällt mehr auf: eine rote Rose in einem Beet roter Rosen oder eine gelbe Rose in einem Beet roter Rosen? „Was soll das bitte für eine blöde Frage sein?" werden Sie sich wahrscheinlich nun denken. Zugegeben, auf den ersten Blick mag sich die Frage dumm und provokant anhören, sie hat jedoch einen durchaus ernsten Hintergrund. Eine Regel für eine funktionierende Werbung ist, dass sie anders sein soll als die Ihrer Mitbewerber und sich damit automatisch von der Masse abhebt. Beispielsweise sind die Anzeigen von Modefirmen so etwas von austauschbar, dass die Frage erlaubt sein muss, wofür die Creativagenturen eigentlich bezahlt werden. Es ist immer der gleiche Typus von Model in den immer gleichen Posen und Szenen. Beim Durchblättern von Mode- oder Trendmagazinen fällt keine dieser Anzeigen wirklich auf, eine ist wie die andere. Um welche Marke es sich handelt ist, wenn überhaupt, nur sehr schwer zu erkennen. Sollten Sie mich fragen: rausgeschmissenes Geld!

Anders und sehr erfolgreich hat es Benetton gemacht. Das italienische Textilunternehmen zeigte in seinen Anzeigen zunächst immer Menschen verschiedener Nationalität und Hautfarbe. Die Gruppe junger Menschen war stets fröhlich und gemeinschaftlich vereint – dazu passte auch der Firmenclaim[31] „United Colors of Benetton", eigentlich nichts Besonderes. Schon möglich, aber keiner hat gesagt, dass es schwierig ist, anders zu sein. Und eine Benetton-Anzeige war immer als eine solche zu erkennen: selbst oder gerade wenn sie neben anderen Modeanzeigen zu sehen war. Einen sehr schmalen Grat beging Benetton mit einer weiteren Kampagne, die die Regel „Sei anders" sehr extrem, aber durchaus erfolgreich umsetzte. 1993 und 1994 hatten die als „Schockwerbung" bezeichneten Anzeigen für Aufsehen in allen Teilen der Bevölkerung gesorgt, auch bei denen, die mit Benetton bis zu diesem Zeitpunkt nichts am Hut hatten. Die Kampagne bestand unter anderem aus Motiven einer ölverschmutzten Ente, Kinderarbeit oder eines nackten Hinterteils mit dem Stempel „HIV-Positive". Die Anzeigen zeigten lediglich eines der Schockmotive zusammen mit dem Benetton-Logo. Wieder waren die Benetton-Anzeigen klar von anderen Anzeigen zu unterscheiden und als solche immer zu erkennen.

---

31 Ein Claim bzw. Slogan ist ein kurzer, prägnanter Satz (oder auch nur ein Wort), der die Positionierung, Mission, Vision oder das Alleinstellungsmerkmal einer Firma, eines Produktes oder einer Kampagne wiedergibt.

Die Kampagne war erfolgreich, weil sie anders war. Aber wie bereits erwähnt, war der Grat äußerst schmal und Benetton hat in einigen Ländern auch ein „blaues Auge" durch Verbote und Klagen verpasst bekommen. Und obwohl Benetton schon lange nicht mehr so viel Geld in Werbung steckt und es somit um Benetton zwangsläufig recht leise geworden ist, sind den Lesern meiner Generation die Kampagnen noch immer gut vertraut, so erfolgreich waren sie.

Noch ein letztes Beispiel für das Anders-sein, das natürlich auch für Fernsehwerbung gilt. Ähnlich wie mit der Mode verhält es sich mit Pflegeprodukten. In den gängigen Werbespots werden meist irgendwelche dem Schönheitsideal entsprechende junge Frauen in einer modernen und stylischen Umgebung gezeigt. Ein Spot ist wie der andere. Unilever[32] geht mit seiner Marke Dove erfolgreich einen anderen Weg. Die Kampagne „Initiative für wahre Schönheit" zeigt Durchschnittsfrauen jeden Alters und jeder Hautfarbe in weißer Unterwäsche. Keine von ihnen hat einen perfekten Körper oder völlig faltenfreie Haut. Keine entspricht auch nur annähernd irgendeinem Schönheitsideal. Die Kampagne ist nicht nur anders, sie ist auch ehrlich: beides Faktoren, die sie sehr erfolgreich, einprägsam und sympathisch sein lässt.

---

32 Der britisch-niederländische Konzern ist weltweit einer der größten Hersteller von Verbrauchsgütern wie Nahrungsmittel, Kosmetika, Körperpflege-, Haushalts- und Textilpflegeprodukten.

Blöd nur, dass die Verantwortlichen bei Unilever jüngst versuchen Dove auch als Pflegemarke für Männer zu positionieren. Im besten Fall wird die Marke vom maskulinen Geschlecht einfach ignoriert, Unilever zieht die Notbremse, schreibt die Ausgaben der Kampagne als „Spesen" ab und konzentriert sich wieder auf die ursprüngliche Zielgruppe. Im schlimmsten Fall verliert die Marke komplett an Profil, wird zu einem Me-too-Produkt[33] und kann nur noch über den Preis verkauft werden oder verschwindet gänzlich vom Markt. Wir werden sehen.

Eventuell haben Sie schon einmal von dem Grundsatz „Die Kunst besteht im Weglassen" gehört, wenn nicht, ist Ihnen „Den Wald vor lauter Bäumen nicht sehen" eventuell geläufiger. Beides zielt in die gleiche Richtung, nämlich, dass Sie sich in Ihren Anzeigen und Spots auf das Wesentliche konzentrieren und alles Unnötige weglassen sollen. Vermischen Sie nicht unterschiedliche Themen, und verwässern Sie dadurch nicht Ihre Kernaussage. Oft wird aus übertriebenem Enthusiasmus oder schlicht aus Angst, etwas Wichtiges zu vergessen, alles Mögliche in einen Spot oder eine Anzeige gepackt. Die vorhandene Werbefläche bzw. Sendezeit soll ja optimal ausgenutzt werden. Dass damit aber genau das Gegenteil er-

---

33 Als Me-too werden Produkte bezeichnet, die keinerlei wesentlichen Unterscheidungsmerkmale zu Wettbewerbsprodukten haben. Sei es in den Produkteigenschaften oder auch in der Markenpositionierung.

reicht wird ist den meisten nicht bewusst.

Gerade Zeitungsanzeigen sind häufig derart mit Informationen überladen, dass sie keine Aufmerksamkeit erregen und die eigentliche Aussage völlig untergeht. Dabei vergisst man gerne, dass eine Anzeige im besten Fall gerade einmal drei Sekunden betrachtet wird (wenn sie aus der Masse heraussticht und wahrgenommen wird). In diesen drei Sekunden müssen Sie es schaffen die Kernaussage in die Köpfe Ihrer Kunden zu „brennen". Vergessen Sie also Kleingedrucktes und verzichten Sie auf Details und Firlefanz. Der Tabakkonzern British American Tobacco zum Beispiel, bewirbt seine Marke Lucky Strike nach diesem Prinzip sehr erfolgreich. Die Zeitungs- und Plakatanzeigen zeigen stets nur die Zigarettenschachtel mit einem mehr oder weniger frechen und provozierenden Slogan. Jeder kennt diese Anzeigen und die Aussage ist klar, Lucky Strike-Raucher sind weltoffen, humorvoll und alles andere als verklemmt.

Bei Werbespots gilt diese Regel natürlich auch. Die Realität sieht aber auch dort nicht wirklich besser aus. Leider wird in Werbespots viel zu oft versucht eine Geschichte zu erzählen, als dass man die Sache auf den Punkt bringt. Ohne Zweifel sind die Geschichten teilweise durchaus unterhaltsam und amüsant, funktionieren aber in der Regel nicht. Sie erfüllen keine Bedürfnisse der Verbraucher, sondern erzählen eben nur eine Geschichte.

Lassen Sie uns kurz eine Pause machen und Werbung, Preis- oder Produktgestaltung und all das andere Zeug vergessen und den nächsten Urlaub planen. Wie wäre es auf einer einsamen Südseeinsel mit Lagerfeuer am Strand oder einem Törn übers Meer auf einem tollen Segelschiff? Aah, herrlich. Was dürfen wir dabei auf keinen Fall vergessen, was muss unbedingt mit ins Gepäck? Richtig: Bacardi und Becks. Zwar ist es schon eine ganze Weile her seit diese Spots zuletzt liefen, dennoch erinnern sich die meisten von uns noch daran, so einprägsam waren sie, und so gut haben sie funktioniert. Beide Spots erzählen keine Geschichte, sondern suggerieren uns (von der ersten Sekunde an), dass diese Produkte unsere Sehnsucht nach Freiheit und Unabhängigkeit erfüllen. Alles in den Spots war auf dieses Ziel hin ausgerichtet, selbst die Musik. Die beiden Songs waren sogar in den Top 10 der Musikcharts und die Spots kamen völlig ohne Dialoge oder Texteinblendungen aus. Sie setzten vollständig auf die Macht der Bilder und die der Musik. Dasselbe Konzept verfolgt auch BMW in den meisten seiner Spots. Sie zeigen die gesamte Dauer eine dynamische und sportliche Autofahrt in einem BMW-Modell, hinterlegt mit entsprechender Musik. Am Ende das BMW-typische „Dong-Dong" und der Claim „Freude am Fahren". Wenn Sie mich fragen, eines der besten Werbekonzepte der Welt – unspektakulär aber wirkungsvoll.

Nicht dass Sie jetzt denken in Werbespots darf so gut wie nicht gesprochen werden, damit sie effektiv sind. Daher noch ein Beispiel zum Schluss. Bestimmt kennen Sie diese langweiligen Spots von Maggi, Knorr, Febreze oder auch Swiffer. Diese Art der Werbung nennt sich Testimonial und läuft immer nach dem gleichen Schema ab. Ein Problem wird deutlich angesprochen, und alsgleich lösen die Schauspieler(innen) dasselbe mit Hilfe des entsprechenden Produkts. Hier wird zwar eine kleine Geschichte erzählt, sie folgt jedoch immer demselben stringenten Drehbuch und hat nur ein Ziel, den Beweis zu erbringen, dass das beworbene Produkt das Problem auf die einfachste Art und Weise lösen kann: Maggi und Knorr helfen beim Kochen, Febreze neutralisiert schlechte Raumluft und mit Swiffer geht das Abstauben wie von Geisterhand. Die Spots sind zwar so langweilig, wie Gras beim Wachsen zuzusehen, aber darum geht es nicht. Sie funktionieren, darum geht es.

„Komm rein und finde wieder hinaus". Würden Sie so Ihre Kunden umwerben und begrüßen? Vermutlich eher nicht. Seltsam, dass es ein Konzern vom Formate eines Douglas macht. OK, genau so hat es Douglas natürlich nicht gemacht, aber genau so hat ein Großteil der Kunden den Slogan „Come in and find out" verstanden. Es galt lange Zeit als schick, Anglizismen in der Werbung zu verwenden. Man wollte Größe und Internationalität beweisen. Dass die Zielgruppe die englischen Worte und Sätze teilweise überhaupt nicht oder falsch verstand, störte dabei seltsamerweise niemanden. Vielleicht hätte man den Verantwortlichen sagen sollen, dass der Slogan ein Teil der „Miete" für eine funktionierende Werbung ist. Erfolgreiche Unternehmen sind dieser Mode nicht hinterhergelaufen, sie wussten um die Bedeutung eines einprägsamen Slogans. So wie die Psyche die graue Eminenz des gesamten Marketings ist, ist der Slogan die graue Eminenz in der Werbung. Er ist es, der uns über eine lange Zeit mit einer Marke verbindet und der Marke seinen Charakter gibt. Je stärker die Marke, desto länger begleitet uns derselbe Slogan. Die Anzeigenmotive und Werbespots wechseln, der Slogan bleibt. Je kürzer ein Slogan ist, umso einprägsamer und mächtiger ist er. Gute Slogans hören sich so einfach an, und doch stecken oft endlose Meetings, unzählige verworfene Ideen und manchmal auch verzweifelnde Menschen dahinter. „Einfach gut" bzw. „Ich liebes es" von Mc Donalds, „Freude am Fahren" von BMW, „Ich bin doch nicht blöd" von Media Markt, „Vorsprung durch Technik" von Audi oder „Wohnst du noch oder lebst du schon" von IKEA – alles hervorragende, funktionierende, einprägsame und dauerhafte Slogans. Sie hören sich einfach an, das ist ihr Geheimnis. Sie zu erdenken war eine Meisterleistung, sie nicht beliebig auszutauschen eine weise Entscheidung.

Anders sein, Dinge weglassen und sich stattdessen auf das Wesentliche konzentrieren, sowie der Slogan. Diese drei Regeln sind die halbe Miete in der Werbung. Ihre Aufgabe im Marketing ist es, darauf zu achten, dass diese Regeln eingehalten werden. Agenturen und Kreative müssen an der Leine gehalten und geführt werden. Sonst gewinnen Sie Kreativpreise für Werbung, die zwar hübsch anzusehen ist, aber dummerweise nicht funktioniert. Vorgesetzte und beteiligte Kollegen müssen überzeugt werden, dass neue Wege zu gehen manchmal besser ist, als alten Pfaden zu folgen, dass weniger auch mehr sein kann, und dass in der Kürze die Würze liegt.

Was die andere Hälfte der Miete ist, fragen Sie? Die Umsetzung Ihrer Vorgaben, die professionelle Gestaltung der Werbespots und Anzeigen. Hier sind Werbe- und Kreativagenturen, Texter und Grafiker gefragt. Aber Achtung: Wie bereits erwähnt, lassen Sie sie nicht von der Leine. Lassen Sie sich nicht überreden, aber hören Sie ihnen dennoch zu. Es sind Profis, verstehen ihr Handwerk und wissen wovon sie reden. Nur muss man sie eben manchmal bändigen und wieder auf Kurs bringen.

## Tue Gutes und rede darüber!

---

*„Der Listige lässt denjenigen, welchen er betrügen will, die Irrtümer des Verstandes selbst begehen, die zuletzt in eine Wirkung zusammenfließend, plötzlich das Wesen des Dinges vor seinen Augen verändert. Daher kann man sagen: Wie der Witz eine Taschenspielerei mit Ideen und Vorstellungen ist, so ist die List eine Taschenspielerei mit Handlungen..."*

Carl von Clausewitz – „Vom Kriege"

Wer erinnert sich nicht mehr daran, als im Januar 1998 in den Medien erstmals über die Affäre zwischen Bill Clinton und der seitdem wohl bekanntesten Praktikantin der Welt, Monica Lewinsky, berichtet wurde. Wie wir wissen wurde die Affäre zunächst in einer Pressekonferenz mit den legendären Worten „I did not have sexual relations with that woman, Miss Lewinsky."[34], von Bill Clinton persönlich geleugnet. Am 17. August desselben Jahres relativierte Clinton seine damalige Aussage und räumte ein, „inappropriate intimate contact", also „unangemessenen intimen Kontakt" mit Lewinsky gehabt zu haben. Dass er im Januar noch unter Eid etwas anderes behauptete, erklärte er lapidar mit seiner Definition des Begriffs „sexual relations". Darunter verstand Clinton nämlich nur den Koitus (also den eigentlichen Geschlechtsakt), nicht aber Petting oder Oralsex. Ob nun Clinton selbst derart naiv war oder ob er das amerikanische Volk für dumm verkaufen wollte, lassen wir einmal dahin gestellt. Für Clinton ging die Geschichte zwar glimpflich aus. Er wur-

---

34 „Ich hatte keine sexuelle Beziehung mit dieser Frau, Fräulein Lewinsky."

de zwar nicht seines Amtes enthoben; das Ganze war aber ein lupenreines PR-Desaster. Und damit heiße ich Sie herzlich willkommen in der wunderbaren Welt der Öffentlichkeitsarbeit, neudeutsch auch PR (Public Relations) genannt.

Wie wichtig Presse- und Öffentlichkeitsarbeit ist wird vielen Unternehmen dummerweise erst bewusst, wenn negative Schlagzeilen für Aufsehen sorgen und kräftig am Image kratzen. Zwar kann kurzfristig, meist panisch, versucht werden, mit Krisen-PR das Schlimmste zu vermeiden, der entstandene Schaden ist aber oft dennoch groß und hätte höchstwahrscheinlich vermieden, zumindest aber gemindert werden können. Mal ganz davon abgesehen, dass Krisen-PR ein sehr heikles Thema ist. Meist wird hier durch dilettantischen Aktionismus alles nur noch schlimmer gemacht. Dabei ist PR im Grunde keine große Hexerei und man braucht auch kein riesiges Budget, um ein Grundrauschen in der Presse für sich aufzubauen. Das Geheimnis heißt schlicht „aktive Pressearbeit". Waren Sie schon einmal auf dem Hamburger Fischmarkt? Nein? Aber Sie kennen mit Sicherheit die sogenannten Marktschreier. Der teilweise recht unverblümte Stil der Marktschreier ist vermutlich nicht jedermanns Sache. Ihr Ziel verfehlen die „Schreihälse" aber dennoch so gut wie nie – sie scharen ihre Kundschaft um sich – und nur weil sie aktiv und beharrlich auf sich aufmerksam machen. PR ist im Grunde nichts anderes. Wenn Sie nichts sagen, hört Sie auch keiner.

Wer regelmäßig positive und relevante Neuigkeiten an die Presse weitergibt, wird auch regelmäßig positiv über sich in der Zeitung lesen; dabei ist es unerheblich in welcher Form dies geschieht. Ob einfache Pressemeldung, Anwenderberichte, Fachartikel oder groß angelegte PR-Kampagnen. Sie machen Werbung für sich und Sie bauen sich damit immer einen gewissen Schutzschild auf, für den Fall, dass es doch einmal etwas Negatives zu berichten gibt. Denn, Sie haben ja bereits einige Pluspunkte auf Ihrem Konto und der eine oder andere Schnitzer wiegt dann nicht so schwer - er ist leichter verziehen. Als beispielsweise bekannt wurde, dass bei Apples iPhone[35] die Akkus überhitzen und explodieren können, der Konzern allerdings erst zögerlich Fehler einräumte (Geschädigten soll sogar eine Art „Schweigegeld" bezahlt worden sein), schadete dies dem Image des Konzerns so gut wie gar nicht. Das Image von Apple ist derart robust, dass der Konzern sich diesen Schnitzer durchaus leisten konnte. Öfters sollte sich ein Unternehmen, auch nicht Apple, ein solches Vorgehen in der Öffentlichkeitsarbeit jedoch nicht leisten.

---

35 Mit dem iPhone revolutionierte Apple 2007 den Markt für Handys und Smartphones. Apple verkauft innerhalb der ersten zwei Tage 270.00 iPhones.

Mit regelmäßiger Pressearbeit stärken Sie aber nicht nur Ihr Image, Sie sensibilisieren außerdem die relevanten Journalisten für Ihr Unternehmen. Von der Yellow-Press einmal abgesehen, suchen die Journalisten bei Gerüchten und negativen Informationen zunächst den Kontakt mit Ihnen und erfragen den Wahrheitsgehalt und die Hintergründe. So kann schlechte Presse relativiert und abgefedert oder sogar vollständig vermieden werden.

Entscheidend für die Glaubwürdigkeit eines Unternehmens bei schlechter Presse ist aber auch das Verhalten in der Vergangenheit. Das alte Kindersprichwort „Wer einmal lügt, dem glaubt man nicht, auch wenn er dann die Wahrheit spricht." gilt auch für Unternehmen. Wenn Sie in der Vergangenheit nicht zu Ihren Fehlern standen, alles heruntergespielt oder sogar geleugnet haben, obwohl für jeden offensichtlich war, dass Sie die Unwahrheit sagen, dann ist es um Ihre Glaubwürdigkeit wahrlich nicht zum Besten bestimmt und der Kunde schenkt Ihnen und Ihren Produkten kein Vertrauen. Eine bessere und billigere Werbung für die Konkurrenz gibt es nicht.

Ihre Aufgabe ist es also, den Nachrichtenkanal gezielt mit relevanten Informationen zu „füttern". Ob Sie eine Neuigkeit mit einem Big Bang[36] veröffentlichen oder über einen längeren Zeitraum immer wieder nur Details preisgeben hängt nicht zuletzt von der Meldung selbst ab. Es ist auch eine Frage Ihrer Klientel oder auch Ihrer finanziellen Möglichkeiten.

Beispielsweise werden neue Modelle in der Automobilbranche generell mit großem Brimborium der Medienwelt und der Öffentlichkeit vorgestellt. Zwar ist bereits im Vorfeld bekannt, dass es ein neues Modell geben wird, auch das eine oder andere Detail wird preisgegeben, die PR-Strategie ist aber meist auf den einen „Big Bang" hin ausgerichtet.

Der Computerkonzern Apple hingegen setzt bei der Einführung von neuen Produkten seit Jahren sehr erfolgreich auf die „Tröpfchenstrategie". Bereits lange Zeit vor der eigentlichen Verfügbarkeit des Produktes werden gezielt einzelne Informationen der Presse und Bloggern[37], teilweise anonym, zugespielt. Damit heizt Apple nicht nur die Diskussion und Mutmaßungen innerhalb der

---

36 Der Begriff Big Bang bezeichnet ursprünglich die Entstehung des Universums, das mit einer einzigen Explosion, dem Urknall (engl. Big Bang), entstand.

37 Ein Autor, der einen sogenannten Blog, eine Art Internettagebuch führt. Gerade in der Computerbranche und der Promis-Szene haben sich einige Blogger zu wichtigen Multiplikatoren und Meinungsmachern etabliert.

Branche an, steigert die Neugierde und weckt Begehrlichkeiten, Apple erzeugt dadurch auch einen beachtlichen Medienrummel um seine Produkte. Die vermeintlich geheimen Informationen werden nämlich nur an ausgewählte Medienvertreter gestreut. So heizt Apple auch den Wettbewerb unter den Median an. Am Ende steht aber auch beim „Apfel-Konzern" meist die große Präsentation. Unvergessen ist die Pressekonferenz zur Präsentation des ersten iPhones, als Steve Jobs[38] die Benutzer- und Bedienerfreundlichkeit des Telefons unter Beweis stellte, indem er mit wenigen Fingertipps beim Pizzaservice „um die Ecke" für die 5.000 anwesenden Journalisten Pizzas bestellte.

Wie Apple machen sich auch viele andere Unternehmen die neuen Möglichkeiten des Internets erfolgreich für ihre Pressearbeit zu nutze. Sei es ganz simpel durch das Verwenden von Presseportalen oder strategisch durch Blogs, soziale Netzwerke und Diskussionsforen. Zwar haben immer noch viele Verantwortliche nicht das Potential des Internets erkannt und bewerten es als deutlich weniger wichtig bzw. nachhaltig als eine gedruckte Zeitung oder eine gesendete Nachricht im Fernsehen. Jedoch ist für die meisten konsumorientierten Branchen das Internet wegen seiner enormen Reichweite mittlerweile ein unverzicht-

---

38 Steve Jobs ist einer der beiden Gründer der Computerfirma Apple. Jobs gilt als großartiger Visionär und Erfolgsgarant bei Apple.

bares Medium. Aber nicht nur Unternehmen, auch Politiker haben die Macht des Internets erkannt, allen voran Barack Hussein Obama. Er war es, der als erstes Twitter, Facebook, YouTube und Co.[39] aktiv in seinen Präsidentschaftswahlkampf einbezog. Nicht zuletzt dadurch erreichte er die Massen und wurde am 4. November 2008 zum ersten schwarzen Präsidenten der USA gewählt.

Dass das Internet aber auch ein echter „Turbo" für schlechte Nachrichten sein und einem Unternehmen ein echtes PR-Desaster bescheren kann, musste Jack Wolfskin[40] 2009 schmerzlich feststellen. Eine „nette alte Dame" hatte ihre selbst hergestellten Taschenspiegel mit kleinen Stoffpfötchen verziert und diese über das Internet vertrieben. Die Hobbybastlerin wurde von Jack Wolfskin wegen Verletzung des Markenrechts abgemahnt und sollte € 911 bezahlen. Als dies bekannt wurde, formierte sich in Blogs, sozialen Netzwerken und auf Twitter in Windeseile massiver Widerstand und es wurde sogar zum Boykott von Jack Wolfskin aufgerufen. Im Gegensatz zu Apple hatte sich Jack Wolfskin bereits in der Vergangenheit einige PR-Fehltritte erlaubt, so dass

---

39 Nutzer können über Twitter anderen Twitter-Usern Textnachrichten von 140 Zeichen schicken. Facebook ist das größte soziale Netzwerk der Welt. Über das Videoportal YouTube können Nutzer eigene Videos im Internet veröffentlichen.

40 Jack Wolfskin ist Hersteller von Funktionsbekleidung und Outdoor-Ausrüstung. Das Jack Wolfskin-Logo stellt die Silhouette einer Wolfstatze dar.

das Vertrauen der Kunden bereits belastet war. Der durch die Abmahnungen entstandene Imageschaden war für Jack Wolfskin enorm. Grundsätzlich hat Jack Wolfskin das richtige getan, nämlich versucht seine Marke zu schützen. Nur das „Wie" war eben diletantisch.

Der richtige Umgang mit Unternehmensinformationen und den unterschiedlichen Medien trägt also entscheidend dazu bei, das Image eines Unternehmens zu formen. Die Verantwortung dafür trägt das Marketing.

# Tief im Dschungel!

---

*„Die beste Strategie ist: immer recht stark sein, zuerst überhaupt und demnächst auf dem entscheidenden Punkt. Daher gibt es außer der Anstrengung, welche die Kräfte schaff und die nicht immer vom Feldherren ausgeht, kein höheres und einfacheres Gesetz für die Strategie als das: seine Kräfte zusammenhalten."*

Carl von Clausewitz – „Vom Kriege"

Lassen Sie uns den Schreibtisch, das Büro, ja sogar die Stadt und das Land verlassen. Wir befinden uns in Lauerstellung im Unterholz des Regenwaldes. Wir beobachten den Feind aus der Ferne wie er sich uns langsam nähert. Umgeben von hoher Luftfeuchtigkeit und den Geräuschen des Urwaldes warten wir auf den richtigen, den entscheidenden Moment. Wir warten, unbemerkt vom Feind der nur noch wenige Meter von uns entfernt ist. Jetzt schlagen wir zu. Wir stürzen aus unserer Deckung hervor und übertölpeln den Feind. Selbst in Unterzahl fügen wir ihm Schaden zu ohne selbst nennenswerte Schäden zu verzeichnen und nützen die Verwirrung zur Flucht zurück ins schützende Unterholz. Der Gegner ist nicht geschlagen, aber geschwächt. Das war unser Ziel. Das Überraschungsmoment war auf unserer Seite.

Die Taktik, die wir angewendet haben nennt sich Guerillataktik. Rebellen führen oft ausschließlich einen Guerillakrieg. Sie tun dies nicht, um eine Schlacht oder gar den Krieg im Gefecht zu gewinnen, dazu wären sie zahlenmäßig und technisch nicht in der Lage. Sie tun es, um den Gegner zu schwächen und zu zermürben ohne dabei selbst nennenswerte Verluste erleiden zu müssen. So wie der Guerillakrieg funktioniert, funktioniert auch das Guerillamarketing[41]: kleiner Einsatz mit möglichst großer Wirkung bei Ausnutzung des Überraschungseffektes.

Guerillamarketing passt weder in die Kategorie Presse- und Öffentlichkeitsarbeit, noch ist es ausschließlich Werbung. Es ist eine Mischung von allem was Marketing ausmacht. Allerdings mit zwei entscheidenden Limitierungen. Guerillamarketing arbeitet mit relativ geringem Mitteleinsatz, ist in der Regel auf einen sehr kurzen Aktionszeitraum beschränkt und nicht wiederholbar. Es eignet sich daher vor allem für kleinere Unternehmen mit bescheidenen Werbebudgets. Zwar bedienen sich mittlerweile auch große Unternehmen dieser Taktik, allerdings sind diese Aktionen meist keine klassischen Guerillaaktionen mehr, da sie oft Teil einer kompletten Kampagne sind und auch teilweise mit erheblichem Mittelaufwand realisiert werden.

Da echtes Guerillamarketing mit beschränkten Mitteln arbeitet ist es meist extrem kreativ. Sprich, die klassischen Pfade des Marketings werden verlassen. Hier empfiehlt es sich, dass Sie Ihre Mitarbeiter und Kollegen zu einem großen

---

41 Erstmalig wurde der Begriff von dem Marketing-Experten Jay Conrad Levinson Mitte der 1980er Jahre geprägt.

Brainstorming anregen und die Ideen sammeln und auswerten. Je verrückter eine Idee ist, umso besser. Klar können Sie auch eine Agentur damit beauftragen. Aber die kreativen Jungs aus den Agenturen lassen ihre Köpfe auch nicht für ein Butterbrot „rauchen" und so „unverbraucht" wie Ihre Kollegen sind sie auch nicht. Überraschungen, sprich neue Ideen, werden eher selten dabei sein. Aber der Überraschungseffekt ist nun einmal ein wesentlicher Faktor der Guerillataktik.

Wenn Sie sich also entscheiden, die Guerillataktik in Ihre Marketingplanung zu nehmen, animieren Sie Ihre Kollegen zum Mitmachen und Mitdenken. Jede Idee ist es wert, ausgesprochen zu werden, nichts sollte tabu sein. Mit etwas Glück und Kreativität entwickelt sich eventuell eine Aktion dabei, die ähnlich erfolgreich ist wie die folgenden Beispiele.

Wenn Sie während der Urlaubssaison 2006 am Nordseestrand spazieren gegangen sind, werden Sie eventuell eine dieser riesigen Muscheln gesehen haben. Kam man näher, erkannte man darin die Werbung einer lokalen Fischrestaurantkette, die rein zufällig eine Filiale ganz in der Nähe der Muscheln hatte. Zwar mussten die übergroßen Muscheln recht bald wieder abgebaut werden – unlauterer Wettbewerb, Baugenehmigung und all so ein Zeug. Aber während der Aktion konnten die Filialen deutlich mehr Besucher zählen als zuvor und danach.

Noch ein Beispiel gefällig? Sehr gerne. Ein Coffee-Shop in einem Einkaufscenter entfernte in den Fahrstühlen des Centers den Boden. Natürlich nicht wirklich sondern nur, indem die Fahrstuhlböden mit einem Bild eines durchbrochenen Bodens und dem darunter zu sehenden Fahrstuhlschacht beklebt wurden. Die eigentliche Werbung für den Coffee-Shop klebte an der Fahrstuhlwand. Nachdem die Gäste, die in den Fahrstuhl einsteigen wollten, den ersten Schrecken überwunden hatten, schenkten sie der eigentlichen Anzeige deutlich mehr Aufmerksamkeit.

Wie bereits erwähnt, kommt das klassische Guerillamarketing in der Regel mit relativ geringen Kosten aus. Aktionen von Konzernen gehören also eher nicht dazu. Da aber das folgende Beispiel wirklich sehr erfolgreich war, die Kosten für die Aktion zwar hoch, aber in der Relation zum Gesamtbudget des Konzerns lächerlich waren und es eine wunderbare Überleitung zum nächsten Kapitel liefert, kann ich nicht umher es zu erwähnen. Als BMW den Mini in den USA einführte wurde ein Wagen während einer hochkarätigen Basketballbegegnung mitten in den Zuschauerrängen platziert.

Der Wagen erregte derart viel Aufmerksamkeit, dass nicht nur die Zuschauer in der Halle und vor den Bildschirmen darüber sprachen, auch die verschiedensten Medien berichteten eifrig darüber. Dieser Effekt ist altbekannt als Mundpropaganda.

In Zeiten des Internet wird er neudeutsch als virales Marketing bezeichnet. Diesem Thema wollen wir uns im nächsten Kapitel näher zuwenden.

# Der Schneeballeffekt!

---

„... Aus diesen Wahrheiten ergibt sich ein Doppelgesetz, dessen Teile sich gegenseitig tragen, nämlich, dass die Vernichtung der feindlichen Streitkräfte hauptsächlich in großen Schlachten und ihren Erfolgen zu suchen ist, und dass der Hauptzweck großer Schlachten die Vernichtung der feindlichen Streitkräfte sein muss."

Carl von Clausewitz – „Vom Kriege"

Klein und unscheinbar, so ist es wie die meisten Dinge ihren Anfang nehmen. Manchmal entwickelt sich eine Lawine rasend schnell und manchmal kommt sie ins Stocken, um langsam wieder an Geschwindigkeit und Energie zu gewinnen. Hin und wieder kommt sie auch vollständig zum Stillstand bevor sie das Tal erreicht. Und zuweilen entsteht sie an Stellen, an denen es niemand vermutet hätte.

Mundpropaganda verhält sich sehr ähnlich. Zunächst sind es eher wenige, die über Sie und Ihr Produkt sprechen. Aber mit der Zeit nimmt die „Lawine" an Fahrt auf und die Zahl derer, die über Sie sprechen, steigt rasant an. Man sagt Mundpropaganda sei die beste Form der Werbung. Das stimmt vermutlich auch. Im Allgemeinen wird uns durch Mundpropaganda ein Produkt oder eine Dienstleistung von jemandem empfohlen, den wir zu unserem engeren sozialen Umfeld zählen und dem wir in der Regel vertrauen. Auf der anderen Seite würden wir unseren Freunden und Bekannten generell nur Produkte und Dienstleistungen empfehlen, von denen wir selbst überzeugt sind. Wie aber bringen wir die „Lawine" ins Rollen? Wie sorgen wir dafür, dass sie sich in die Richtung bewegt, die für uns vorteilhaft ist? Am einfachsten ist es, wir machen es so wie die Bergwacht, wenn eine Lawine kontrolliert ausgelöst werden soll; wir setzen Sprengladungen, natürlich nur im übertragenen Sinne.

Was das Dynamit bei Lawinen, ist für die Mundpropaganda der Claqueur. Ursprünglich wurden Claqueure im Theater, bei Reden oder bei öffentlichen Aufführungen eingesetzt. Damit wurden Personen bezeichnet, die dafür bezahlt wurden im richtigen Moment zu klatschen oder anderweitig in das Geschehen einzugreifen. Damit wurde der Rest der Menge zum Applaus animiert oder in „Stimmung" gebracht. Das Hintergrundlachen bei Sitcoms[42] ist im Grunde dasselbe.

Claqueure können im Marketing auf verschiedenste Weise zum Einsatz kommen. Ganz traditionell in Form von Meinungsbildnern in den unterschiedlichsten Verbänden und Organisationen. Große Konzerne bedienen sich gerne dieser Form, auch Lobbyarbeit genannt, um einerseits politischen Einfluss zu nehmen und andererseits die öffentliche Meinung zu ihren Gunsten zu beeinflussen. Zwar ist dies eine sehr langsame Lawine und hat mit der klassischen Mundpropaganda nur sehr wenig zu tun, kann jedoch durchaus effizient

---

42 Abkürzung für **Sit**uation **Com**edy = Situationskomödie. Ein Kennzeichen der Sitcom ist die ständige, schnelle Abfolge von Gags. Beispielsweise The Bill Cosby Show oder Two and a half man.

arbeiten. Denken Sie nur an das Hickhack um das Rauchverbot oder den Ausstieg aus dem Atomausstieg.

Um eine echte Lawine gezielt ins Rollen zu bringen, vor allem in einer vom Internet bestimmten Welt, und um schnell eine breite Masse von Kunden zu erreichen, müssen wir unsere Claqueure anders einsetzen als in Form von normalen Lobbyisten. Wir müssen sie in das Netz aus Kupferkabeln und Glasfasern aus Bits und Bytes schicken. Wir müssen uns des viralen Marketings, der Mundpropaganda des Internets, bedienen. Bauen wir uns in sozialen Netzwerken und Microbloggingdiensten wie Twitter, Facebook, Lokalisten oder StudiVz ein Netzwerk an Kontakten auf, das wir gezielt mit Informationen, Tipps und Tricks zu unseren Produkten „füttern" können, das sind unsere Multiplikatoren, die die Lawine ins Rollen bringen können. Sorgen wir dafür, dass etablierte und anerkannte Blogger unserem Unternehmen wohl gesonnen sind, spielen wir ihnen gezielt vorab Informationen zu und „schleusen" wir eigene Mitarbeiter in relevante Foren; sie werden unsere Cyber-Lobbyisten sein und die Meinung der Kunden „neutral" beeinflussen[43].

---

43 Siehe auch Kapitel „Tue Gutes und rede darüber" – Tröpfchenstrategie von Apple.

Beim viralen Marketing sind die Grenzen zum Guerillamarketing fließend. Das heißt, je kreativer und ungewöhnlicher Ihre Kampagnen und Ideen sind, desto schneller kommt Ihre Lawine ins Rollen. Die wohl bekannteste Kampagne und sozusagen die Mutter des viralen Marketings ist das Blair Witch Project[44]. Lange bevor der Film in die Kinos kam, wurden per E-Mail, in Foren und in sozialen Netzwerken Gerüchte gestreut und diskutiert. Das funktionierte so gut, dass, obwohl der Film selbst enttäuschte, er bei Produktionskosten von nur $ 60.000 rund $ 248 Millionen einspielte. Und das nur dank der Lawine, die die Marketeers gezielt ins Rollen brachten.

Kennen Sie noch das Moorhuhn. Unter uns, Sie haben doch auch mindestens einmal auf die kleinen Brathühnchen geschossen. Es machte einfach Spaß. Was die wenigsten aber wissen, es handelte sich auch hier um virales Marketing. Moorhuhn war nämlich nicht einfach ein Computerspiel, das kostenlos vom Internet heruntergeladen werden konnte. Moorhuhn war, besser gesagt „sollte", ein Werbespiel für die Whiskymarke Johnnie Walker sein. Sie merken schon: „sollte ein Werbespiel sein". Das ging nämlich ziemlich in die Hosen. Zwar wurde das Spiel damals von vermutlich je-

---

44 Das Projekt ist ein Horrorfilm in Form einer Pseudo-Doku. Lange hielt sich das Gerücht, dass es sich bei dem Film um reale Ereignisse handle.

dem Büroangestellten mit PC-Arbeitsplatz[45] ge-spielt, aber den Bezug zu Johnnie Walker erkannte so gut wie niemand.

Wenn Sie also virales Marketing betreiben, seien Sie bitte nicht zu geheimnisvoll und zu verspielt, sonst treten Sie zwar eine riesige Lawine los, die am Ende aber ihr Ziel verfehlen wird. Es sei denn, Sie heißen Nike und jede Person Ihrer Zielgruppe weiß, dass Sie den Brasilianer Ronaldo de Assis Moreira (auch Ronaldinho genannt)[46] unter Vertrag haben. Nike ließ ein Video produzieren und auf diversen Videoplattformen veröffentlichen, welches Ronaldinho im Training zeigt. Im Video selbst vollbringt der Fußballstar unmögliche Balltricks (beispielsweise schoss er den Ball von der Mittellinie auf die Latte des Tors und der Ball sprang zurück auf seinen Fuß; und das mehrere Male hintereinander). Klar, der Computer half hier nach, da aber das Video so schlecht gemacht war (schlechter Ton und Bildqualität, verwackelte Bilder) erweckte es den Anschein eines Amateurvideos und verstärkte den WOW-Effekt zusätzlich. Nike wurde in diesem Video nie erwähnt oder gezeigt. Dennoch profitierte das Image des Unternehmens von dem Erfolg des Videos[47].

---

45 Ja, es gab Zeiten, da hatte nicht jeder Büroangestellte einen Rechner.

46 Ronaldinho wurde 2004 und 2005 Weltfußballer des Jahres.

47 Alleine auf YouTube wurde das Video mehrere Millionen Male angesehen.

Achten Sie also darauf, dass Ihr virales Marketing zu Ihrem Unternehmen passt, die Lawine nicht vergebens ausgelöst wurde und platzieren Sie die „Sprengsätze" an den entscheidenden Positionen.

## Money-money-money, must be funny!

---

*„Schon früher ist gesagt worden, was die Verteidigung überhaupt ist: nämlich nichts als eine stärkere Form des Kriegführens, vermittelt welcher man den Sieg erringen will, um nach dem gewonnenen Übergewicht zum Angriff, d.h. zu dem positiven Zweck des Krieges überzugehen. Selbst wenn die Absicht des Krieges bloße Erhaltung des Status quo ist.....“*

Carl von Clausewitz – „Vom Kriege“

Wer kennt ihn nicht, den Hit der Gruppe ABBA aus dem Jahr 1976. Und so wie in dem Song zielen letztendlich auch alle Bemühungen im Marketing darauf ab, Geld zu verdienen; je mehr desto besser.

Ein achtjähriger Pimpf stellte seiner Mutter einmal folgende rhetorische Frage: „Mama, weißt du eigentlich wie man Geschäfte macht?" Wie Sie sich vorstellen können, staunte die Mutter nicht schlecht über die kesse Frage. Der kleine Bub ließ mit der Antwort aber auch nicht lange auf sich warten. „Indem du einen Lutscher für 5 Pfennige[48] kaufst, einmal dran leckst und für 10 Pfennige wieder verkaufst." Auf den ersten Blick, eigentlich gar keine schlechte Idee. Aber wo und wie könnte man die Lutscher verkaufen? Dieselbe Frage muss sich auch das Marketing stellen. Über welche Vertriebskanäle vermarkten wir unsere Produkte?

---

48 Damals war noch die D-Mark das offizielle Zahlungsmittel der Bundesrepublik Deutschland.

Welchen Vertriebskanal wir für die Vermarktung unserer Produkte wählen hängt von mehreren Faktoren ab, die die Entscheidung in der Regel beeinflussen. Es kann auch durchaus sein, dass uns die Entscheidung quasi abgenommen wird und wir gar keine Wahl haben. Beispielsweise wird einem Küfer[49] kaum etwas anderes übrig bleiben, als seine Fässer direkt an seine Kunden zu verkaufen. Aber wenn wir uns entscheiden können, kann die Wahl des Vertriebsweges entscheidend zum Erfolg unseres Produktes beitragen. Erinnern Sie sich noch an das Mineralwasser Bling H2O[50]? Um die Exklusivität des Mineralwassers zu wahren, wird es ausschließlich über autorisierte Distributoren vertrieben. Auch darf das Wasser nicht in jedem x-beliebigen Restaurant verkauft werden. Durch diese strenge Reglementierung erhält das Wasser eine noch höhere Exklusivität als es durch den beachtlichen Preis ohnehin schon besitzt. Wenn quasi Hinz und Kunz das Wasser verkaufen könnte, würde dies nicht spurlos am Image des Wassers vorübergehen und der Erfolg des Mineralwassers wäre auf lange Sicht mehr als nur gefährdet.

Wenn Ihre Produkte hingegen im Niederpreissegment angesiedelt sind, müssen Sie einen breiten Absatzkanal wählen. Exklusivität wäre vermutlich schlecht fürs Geschäft. Neben dem Preis

---

49 Der Küfer stellt in Handarbeit Holzfässer her.

50 Siehe Kapitel „Der Preis ist heiß":

kann auch die Qualität eines Produktes den Vertriebsweg beeinflussen. Ein Pflegeprodukt muss nicht unbedingt besser sein als ein anderes. Aber alleine dadurch, dass einige Hersteller ihre Marken lediglich über Apotheken vertreiben, hebt dies die subjektive Qualitätswahrnehmung enorm. Die Psyche – die schon wieder – suggeriert uns, dass Produkte, die in Apotheken verkauft werden, einfach gut sein müssen. Unnötig zu erwähnen, dass der Preis in diesem Fall deutlich höher ist.

Wie bei allen Facetten des Marketings wird auch der Vertriebskanal Ihres Unternehmens mit ständigen Veränderungen konfrontiert. Manche Veränderungen sind vernachlässigbar und manche können ganze Branchen mit Milliarden von Euros Umsatz ins Wanken bringen. Ihr Job ist es also auch, diese Veränderungen wahrzunehmen, zu analysieren und zum richtigen Zeitpunkt Anpassungen vorzunehmen. Wenn Sie dies nicht tun, kann es Sie in den Ruin treiben; die Musikbranche kann ein Lied davon singen.

Der 1980 in Boston geborene Shawn Fanning führte eine solche Veränderung herbei; eine die die Säulen der Musikbranche zum Wanken brachte und einen nicht mehr aufzuhaltenden Paradigmenwechsel einläutete. Sie kennen Shawn Fanning nicht? Vermutlich kennen ihn die wenigsten.

Den meisten wird sein Projekt Napster[51] wohl eher ein Begriff sein. Napster gilt als die Mutter aller Tauschbörsen. Als die Website 1998 online ging läutete sie ein neues Zeitalter ein. Anstatt diese Technik als Chance zu begreifen, sah die Musikbranche in Napster lediglich den „Schwarzen Peter", der illegal Musik verteilt und ihnen die Umsätze ruiniert. Davon, dass die Probleme der Branche hausgemacht waren und die Musikkonzerne seit Jahren in der Krise steckten, wollte niemand etwas wissen. Stattdessen klagte die Branche an allen Fronten – mit wenig Erfolg. Zwar wurde Napster vom Netz genommen, in der Zwischenzeit hatten sich jedoch bereits etliche andere Tauschbörsen etabliert. Die Musikindustrie erkannte nicht, dass der Kunde nicht länger ein ganzes Album kaufen wollte, wenn er nur an ein oder zwei Liedern des Interpreten interessiert war. Immerhin versuchten einige Plattenlabels mit der Zeit selbst Musik über das Internet zu verkaufen, verlangten aber für einzelne Musikstücke oder Alben den nahezu gleichen Preis wie für physikalische CDs. Dass das nicht funktionieren konnte, dürfte wohl schon damals jedem klar gewesen sein. Das Blatt wendete sich erst, als Apple den iPod und seinen Musik-

---

51 Napster ermöglichte es Usern über das Internet MP3-Musikdateien zu suchen und zu tauschen – kostenlos.

shop iTunes[52] auf den Mark brachte. Apple handelte mit allen großen und wichtigen Plattenlabels Verträge aus und vertrieb deren Songs für relativ kleines Geld über iTunes. Der Erfolg war unglaublich und überraschte vermutlich selbst Steve Jobs. Innerhalb von nicht einmal neun Jahren wurden knapp 10 Milliarden Songs über iTunes verkauft; bei einem Mindestpreis von knapp € 1 pro Song nicht das allerschlechteste Geschäft.

Das Verharren in alten Strukturen hat einigen Firmen der Musikbranche das Genick gebrochen. Entweder sie verschwanden komplett, mussten fusionieren oder wurden von finanziell Stärkeren aufgekauft. Achten Sie also immer darauf wie sich Ihre Umwelt verändert und welchen Einfluss diese Veränderungen auf Ihr Geschäft haben können. Wer stehen bleibt kommt nicht weiter, verliert die Führung und fällt immer weiter zurück.

Sie fragen sich jetzt bestimmt, was aus dem achtjährigen Pimpf von damals geworden ist? Wie Sie sich vorstellen können, hat die Welt nicht gerade auf den Verkauf von secondhand Lutschern gewartet, schon gar nicht zum doppelten Preis eines neuen Lutschers. Nun, Sie lesen gerade ein Buch von ihm.

---

52 Der iPod wurde 2001 vorgestellt und war der erste MP3-Player von Apple. Das durchgängige Konzept des iPods in Kombination mit Apples Musikportal iTunes waren u. a. für den gewaltigen Erfolg des MP3-Players verantwortlich. Sowohl der iPod als auch iTunes sind mit Abstand Marktführer in ihrem Segment.

# Also sprach Zarathustra!

---

*„Die Strategie ist der Gebrauch des Gefechts zum Zwecke des Krieges; sie muss also dem ganzen kriegerischen Akt ein Ziel setzen, welches dem Zweck desselben entspricht, d. h. sie entwirft den Kriegsplan, und an dieses Ziel knüpft sie die Reihe der Handlungen an, welche zu demselben führen sollen, d. h. sie macht die Entwürfe zu den einzelnen Feldzügen und ordnet in diesen die einzelnen Gefechte an."*

Carl von Clausewitz – „Vom Kriege"

Er gilt als einer der größten Feldherren der Antike und konnte durch eine strategische Meisterleistung ein Weltreich in seinen Grundfesten erschüttern. Als sich Hannibal im Jahr 218 vor Christus mit rund 60.000 Soldaten auf den Weg machte, um gegen das Römische Reich Krieg zu führen, war der Weg über die Alpen der Schlüssel zum Erfolg. Zwar kostete alleine die beschwerliche Reise vielen tausenden von Hannibals Männern das Leben. Jedoch waren diese ersten Verluste in der Strategie Hannibals wohl kalkuliert. Und wie heißt es doch so trefflich: „Der Sieger schreibt die Geschichte".

Ebenfalls Verluste, enorme Verluste, auf dem Weg zum Erfolg kalkulierte Jeffrey Preston Bezos (auch bekannt als Jeff Bezos) ein. Er opferte natürlich keine Menschenleben, dafür aber mehrere € 100 Million, um seine Strategie zu verwirklichen. Als Bezos 1994 den Onlinebuchhandel Amazon. com gründete war seine Taktik die, alles auf eine schnelle Expansion zu setzen. Ihm war klar, dass das Internet den Handel verändern und Ländergrenzen zukünftig nur noch in Atlanten eine Rolle spielen würden. Bezos begann also damit, nach und nach national und international mögliche zukünftige Konkurrenten zu kaufen. Alles was auch nur ansatzweise mit online-Buchhandel zu tun hatte stand auf seinem Einkaufszettel. Und das zu einer Zeit, in der Begriffe wie Browser, eMail oder Onlineshop noch nicht im Duden standen und nur echte Nerds[53] etwas damit anzufangen wussten. Amazon machte Quartal für Quartal Millionen an Verlust, die Taktik für die ersten Jahre sah auch zunächst nichts anderes vor. Bezos bereitete sein Unternehmen auf die Zeit vor, in der Onlineshopping so selbstverständlich sein würde wie Zähneputzen. Dafür musste er zunächst zwar gewaltige Summen investieren, obwohl mit dem Verkauf von Büchern, CDs und Videos über das Internet noch kaum Umsatz, geschweige denn Gewinn zu machen war. Doch Bezos glaubte an seine Strategie und setzte seine Taktik zielstrebig und konsequent um. Amazon ist heute der weltweit führende Onlinehändler mit einem Nettoumsatz von $ 19 Milliarden und einem Nettogewinn von $ 645 Millionen[54].

Was können wir daraus lernen? Nun, zum einen hat Bezos das richtige Näschen gehabt, so wie einige andere auch die zur selben Zeit mit Bezos starteten. Der Unterschied war jedoch die langfristig angelegte Strategie. Neben Amazon gab es keinen weiteren Onlinebuchhändler, der so

---

53 Moderne Bezeichnung für Computerfreak.

54 Zahlen aus dem Jahr 2008.

aggressiv die Konkurrenz ausschaltete. Alle anderen setzten auf das natürliche Wachstum des Onlinehandels. Bezos aber kam mit seinen Milliarden an Venture Capital über die Alpen, opferte Millionen von Dollar, verleibte sich die Konkurrenz ein, nahm verlustreiche Jahre in Kauf und stand am Ende als triumphaler Sieger da.

Unternehmensstrategie ist also ein integraler Bestandteil des Marketing und muss, wie das Beispiel Amazon zeigt, langfristig angelegt und durch Taktik hinterlegt sein. Ein Unternehmen ohne konsequente Strategie oder mit ständig wechselnder Strategie wird im besten Fall vor sich hindümpeln, letztlich aber sterben. Jedoch muss jede noch so gute Strategie immer wieder angepasst werden – durch neue Taktiken. Der Markt ist ständig in Bewegung und verzeiht nur selten Fehler. Was passieren kann, wenn ein Unternehmen zu spät oder nur zaghaft seine Taktik ändert, lehrt uns Palm. Palm war lange Zeit Marktführer bei PDAs[55]. Die Strategie war klar – führender Hersteller bei Handheldcomputern (wie PDAs auch bezeichnet wurden) zu sein. Das Unternehmen erkannte leider nicht, dass sich Handys und PDAs immer ähnlicher wurden und schließlich vollständig zu Smartphones verschmelzen würden. Als das Un-

---

55 Die ersten PDAs (Personal Digital Assistant) kamen Mitte der 1990er Jahre auf den Markt und wurden zu Anfang lediglich als elektronisches Filofax verwendet. Also für persönliche Kalender-, Adress- und Aufgabenverwaltung. PDAs sind die Vorläufer der SmartPhones.

ternehmen seinen Fehler bemerkte und die Taktik änderte war es bereits zu spät. Andere Hersteller hatten Palm bereits wertvolles Terrain weggenommen. Seither läuft Palm dem Markt hinterher. Wenn Sie mich fragen, wird es Palm in einigen Jahren nicht mehr geben[56].

Wir wollen dieses Kapitel aber nicht mit einem Negativbeispiel beschließen. Vielmehr wollen wir uns das Unternehmen betrachten, das neben Coca Cola wie kein anderes als uramerikanisches Unternehmen gilt und versuchen von ihm zu lernen – McDonald's. Nach vielen Jahren des Erfolgs, der Expansion und immer höherer Gewinne, hatte McDonald's eine Imagekrise, ein Problem. Das immer stärker werdende Gesundheitsbewusstsein der Konsumenten vertrug sich nicht gut mit Hamburger, Big Mac und Co.. Da McDonald's das Problem nicht erkannte oder wahrhaben wollte, stagnierten die Umsätze und gingen teilweise zurück. Es musste sogar die eine oder andere Filiale geschlossen werden. Für ein erfolgsverwöhntes Unternehmen wie es McDonald's war, ein Desaster. Doch nach etlichen Quartalen der Stagnation konnte auch die Führung von McDonald's das Problem nicht länger ignorieren. Der Konzern änderte seine Taktik, nicht abrupt, das hätte die Kunden verprellt, die auf Hamburger, Big Mac und Co. schworen, sondern langsam und mit Bedacht.

---

56 Palm wurde während der Fertigstellung des Buches durch HP im April 2010 gekauft.

Zug um Zug wurde McDonald's „gesund". Zunächst wurden Nährwerttabellen in den Restaurants ausgehängt, mehr Salate und zusätzliche Säfte angeboten. Der „Frische-Aspekt" der Produkte und die Qualität wurden mehr und mehr in den Vordergrund gestellt. Auch die Bildsprache und das Erscheinungsbild wurden frischer und freundlicher. Später wurden neue und gesündere Produkte ins Sortiment aufgenommen. In Deutschland warb sogar das Topmodel Heidi Klum für den Fast Food-Konzern. Heute ist McDonald's erfolgreicher denn je; der Aktienkurs hat sich von seinem Tief Anfang 2002 erholt und ist nahe des Allzeithoch von Ende 2008. Den vollzogenen Kurswechsel bringt der Franzose, Denis Hennequin[57], auf den Punkt: „We do not sell good fast food, but good food fast."

Die Unternehmensstrategie ist die elementarste, die richtungsweisendste. Deshalb muss jeder einzelne Bereich des Marketings seine Strategie von der übergeordneten Unternehmensstrategie ableiten – Preis-, Produkt-, Marken-, Vertriebs- oder Kommunikationsstrategie. Sie alle müssen, abhängig von der Unternehmensstrategie, definiert und konsequent umgesetzt werden. Eine Strategie ist nur erfolgreich, wenn alle Hierarchien sie verstehen und diese entsprechend umsetzen können. Nehmen wir uns wieder ein Beispiel aus dem Militär zu Hilfe. Die Landung der Alliierten in

---

57 Denis Hennequin ist Europachef von McDonald's

der Normandie konnte nur gelingen, weil die Strategie auf alle Bereiche heruntergebrochen wurde: Heer, Luftwaffe, Marine, Logistik, Kommunikation, Wetterdienst etc.. Hätte auch nur ein Bereich die Strategie nicht verstanden oder eine eigene Strategie entwickelt, die Landung wäre vermutlich misslungen.

# Chefsache!

---

*„Was ist die Überwindung des Gegners?*
*Immer nur die Vernichtung seiner Streit-*
*kraft, sei es durch Tod oder Wunden oder*
*auf was für eine andere Art, sei es ganz*
*oder gar oder nur in einem solchen Maße,*
*dass er den Kampf nicht fortsetzen will.*
*Wir können also, solange wir von allen*
*besonderen Zwecken des Gefechtes ab-*
*sehen, die Vernichtung des Gegners ganz*
*oder teilweise als den einzigen Zweck aller*
*Gefechte betrachten.*

Carl von Clausewitz – „Vom Kriege"

Wie Sie gesehen, Verzeihung, gelesen haben, ist Marketing weit mehr als nur hübsche bunte Bildchen, garniert mit einem knackigen Werbeslogan. Wenn die Türe den Weg zum Erfolg versperrt, ist Marketing der Schlüssel, der diese Türe öffnet. Nicht das eine technische Feature, dass bis ins Tausendste gehen, nicht das Jonglieren mit Bilanzzahlen und auch keine noch so ausgefeilte Theorie oder Managementmethode ist der Schlüssel. Sie alle lassen die Psyche und die Wahrnehmung des Kunden, außen vor. Marketing, wenn es in seiner ureigensten Funktion verstanden und angewendet wird, tut dies nicht. Erfolg hängt nicht vom besten Produkt ab, nicht von der schönsten Bilanz oder von der effizientesten Produktionsmethode. Erfolg hängt vom Kunden und dessen Wahrnehmung ab. Darum ist Marketing die wichtigste Aufgabe in einem Unternehmen und macht es zur Chefsache.

Zu Recht, werden Sie jetzt sagen, dass Norbert Reithofer[58] nicht die Fernsehspots von BMW und den Slogan „Freude am Fahren" entwickelt hat, noch hat Steve Jobs den iPod selbst erfunden. Was sie aber tun, sie geben die Strategie vor und sorgen dafür, dass die Strategie im Sinne des Marketings auf allen Ebenen umgesetzt wird. So wie ein Feldherr die Strategie entwirft, an seine Generale weiter gibt und darauf achtet, dass sie in allen Bereichen entsprechend umgesetzt wird.

Wellington[59] hatte 1815 mit seinen Verbündeten die Strategie gegen Napoleon ausgearbeitet und die Befehle erteilt. Seine Aufgabe war es nicht, die einzelnen Heere der Alliierten zu führen, sondern die Schlacht zu beobachten, Sorge zu tragen, dass die Strategie eingehalten und auf die verschiedenen Heere heruntergebrochen wird, um gegebenenfalls die Taktik anzupassen.

Als aufmerksamer Leser ist es Ihnen natürlich nicht entgangen, dass bis auf Larry, die erwähnten Beispiele allesamt aus dem Consumerbereich[60]

---

58 Vorstandsvorsitzender von BMW.

59 General Wellington hatte den Oberbefehl über die britisch-niederländisch-deutschen Truppen, die gemeinsam mit dem preußischen Heer Napoleon bei Waterloo besiegten.

60 Als „Consumer" (engl. für Verbraucher) wird allgemein der private Verbraucher bezeichnet, der Waren für private Zwecke kauft und verbraucht (z. B. Putzmittel oder Kleidung). Dem entgegengesetzt steht der gewerbliche Verbraucher, der entsprechend Waren für den gewerblichen Zweck erwirbt (z. B. Baumaschinen oder Software für Geschäftsprozesse), auch mit B2B – Business-to-Business bezeichnet.

stammten – ganz bewusst. Dadurch wurden die Beispiele griffig, verständlich und für jeden nachvollziehbar. Oder ist unter Ihnen jemand, der noch nie etwas von Coca-Cola, BMW oder Becks gehört hat? Das bedeutet aber bei weitem nicht, dass Marketing nur für Unternehmen wichtig ist, die Produkte für den privaten Konsumenten herstellen, ganz im Gegenteil. Gerade für Unternehmen, die Produkte für den gewerblichen Konsumenten herstellen, also im B2B, kann bereits einfachstes Marketing zu enormen Erfolg verhelfen. Warum? Ganz einfach: In den Chefetagen von B2B-Unternehmen ist man sich am allerwenigsten der Macht des Marketings bewusst. Schlimmer noch, es herrscht viel zu oft die Meinung, dass Produkte allein durch Technik und Features verkauft werden. Welch ein Irrtum!

Als allerletztes Beispiel möchte ich daher ein Unternehmen heranziehen, das die wenigsten (wenn ich schätzen soll, nicht einmal eine Hand voll der Leser) kennen werden. Die meisten jedoch indirekt tagtäglich damit zu tun haben. Die Rede ist von der Firma Uzin Utz.

„Uzin wer?", sag ich doch, Sie kennen das Unternehmen nicht. Und dabei gibt es das Unternehmen seit 1911. Es stellte lange Zeit lediglich Spachtelmassen und Kleber für Bodenbeläge her. Gut möglich, dass der Boden des Raumes in dem Sie sich gerade befinden, mit einem Uzin-Produkt verklebt oder verarbeitet wurde. Das Geschäft der Firma lief mit allen Höhen und Tiefen wie es die Kriegsjahre, die Nachkriegszeit und das Wirtschaftswunder mit sich brachten. Das Unternehmen war in einem Markt tätig, in dem es nicht DEN einen Anbieter gab. Es gabt viele kleinere Unternehmen, die alle ihr Geschäft machten. Keiner hatte übergroße Ambitionen neue Märkte zu erschließen.

Irgendwann entschloss sich die Unternehmensführung von Utz genau dies zu tun, zu wachsen. Und so erweiterte man das Sortiment durch Eigenentwicklungen und Zukäufe. Bald gab es nicht mehr nur Spachtelmassen und Bodenkleber. Es gab eine Vielzahl verschiedener Produkte, die alle unter der Marke Uzin verkauft wurden. Zwar hatten alle etwas mit dem Bearbeiten und Befestigen von Bodenbelägen zu tun. Was fehlte war ein echtes, ein scharfes Markenprofil. Der Handwerker wusste nicht, wofür Uzin steht. Für Spachtelmasse? Fliesenkleber? Parkettlack? Bodenmassen? Daher verwundert es nicht, dass der durchschlagende Erfolg vorerst aus blieb. Die Handwerker kauften lieber bei den Unternehmen, die sich auf Spachtelmasse, Fließenkleber, Parkettlack oder Bodenmassen spezialisiert hatten, also bei den Unternehmen, die in der Wahrnehmung der Handwerker Profi auf ihrem Gebiet waren. Wie schon erwähnt, erfährt Marketing im B2B eine nur sehr geringe Wertschätzung. Die Wettbewerber erkannten daher nicht die Zeichen der Zeit und nutzten nicht ihre Chance, sich auf ihrem Spezialgebiet weitere Marktanteile zu erobern. Zum Glück für Uzin, denn sonst wäre die Geschichte hier zu Ende.

Uzin erkannte das Dilemma und handelte. Uzin schaffte Marken, für jeden Bereich eine eigenständige. Mars und Snickers sind beides Schokoriegel. Aber nur wegen der klaren Trennung der Marken und des eigenständigen Profils sind sie so erfolgreich. Teilweise kaufte Uzin auf bestimmte Bereiche spezialisierte Unternehmen mit bekannten Marken und passte das Sortiment entsprechend an. Teilweise wurden auch ganz neue Marken geschaffen. Das Unternehmen ging sogar so weit, dass jede einzelne Marke eine eigene Webseite erhielt. Die Logos sind derart verschieden, man würde sie niemals miteinander in Verbindung bringen. Was Uzin gemacht hat ähnelt sehr stark dem, was Procter & Gamble (das sind die, die als Pioniere des Markenmanagements gelten) mit seinen Produkten macht, strikte Trennung der Marken, eigenständige Kommunikation und eigene Erlebniswelt.

Der Erfolg stellte sich nicht sofort ein. Der Kunde ist ein träges Wesen[61] und ändert nur langsam seine Gewohnheiten. Aber Uzin hatte die nötige Geduld, ist heute erfolgreicher denn je und in seinem Segment eines der führenden Unternehmen in Europa.

---

61 Vgl. dazu auch das Kapitel „Weniger ist mehr!"

Ich habe dieses Beispiel aus drei Gründen gewählt. Erstens ist Uzin kein Unternehmen der Consumerindustrie und zeigt wie wichtig Marketing auch im B2B ist. Zweitens heißt dieses Kapitel „Chefsache" und die Mehrmarkenstrategie wurde Vorstand des Unternehmens initiiert. Und last but not least, handelt es sich bei der Firma Uzin Utz um ein Unternehmen aus meiner Heimatstadt Ulm. Unnötig zu erwähnen, dass dies der wichtigste Grund ist.

Wenn doch Marketing Chefsache und alles so klar und einfach ist, warum gibt es dann so viele nicht erfolgreiche und so wenig erfolgreiche Unternehmen? Gute Frage. Verzeihen Sie mir, wenn ich diese vorletzte Frage wieder „nur" mit einer Metapher beantworte. Ein Blinder, der nicht an das Sehen glaubt, wird niemals einem Sehenden die Hand geben, um sich von ihm sicher über die Straße führen zu lassen. Leider ist es so, dass die Mehrzahl der Chefs, Geschäftsführer und Vorstände nicht an Marketing und seine Macht glauben und es tatsächlich nur für hübsche bunte Bildchen, garniert mit einem knackigen Werbeslogan halten. Wenn Sie (vielleicht auch ein wenig mit Hilfe dieses Buches) die Aufgabe, Funktionsweise und die Macht des Marketings verinnerlicht haben, werden Sie erkennen, ob die Spitze eines Unternehmens von einem Zahlenmenschen, einem technikverliebten oder einem marketingorientierten Menschen besetzt ist: wer also sehen kann und wer nicht.

Egal für welchen Bereich des Marketing Sie verantwortlich sind und welche Aufgabe Ihnen zufällt, Sie werden es nicht leicht haben. Wie schon mehrfach erwähnt, die Mehrheit glaubt nicht an das Sehen. Sie werden Ihre Argumente verteidigen und für sie einstehen müssen. Sie werden auf Unverständnis treffen und belächelt werden. Sie müssen der Missionar in Ihrem Unternehmen sein und dürfen nicht müde werden, das „Evangelium des Marketing" zu verbreiten. Und Sie werden auch kämpfen müssen; sind Sie bereit für den Kampf?

# Nachwort

---

*„Was ist die Überwindung des Gegners? Immer nur die Vernichtung seinerStreikräfte, sei es durch Tod oder Wunden oder auf was für eine Art, sei es ganz und gar, oder nur in einem solchen Maße, dass er den Kampf nicht mehr fortgesetzt will. Wir können als, solange wir von allen besonderen Zwecken der Gefechte absehen, die Vernichtung des Gegners ganz oder teilweise als den einzigen Zweck aller Gefechte betrachten."*

Carl von Clausewitz – „Vom Kriege"

Marketing ist keine trockene, theoretische Wissenschaft. Marketing ist ein lebendiges Wesen. Wenn Sie sich mit ihm beschäftigen, es pflegen und hegen, seinen Charakter studieren und auch die scheinbar kleinen, unwichtigen Facetten erforschen, dann wird es Ihnen helfen erfolgreich zu sein. Wenn Sie es aber als gegeben hinnehmen und seine Fähigkeiten und seine Macht nicht zu schätzen wissen, wird es Ihnen nicht helfen und Sie werden bestenfalls Durchschnitt sein.